旅活柏事

用自己的故事
定義眼中的風景

作者 林柏宏

保有幼稚而不失成熟

媽的！下這種標題對我這個年紀和這副心境來說，是有點假掰的。畢竟對一個已經年屆四十的人來說，懂得留下適量的幼稚是一種奢侈，而那些世俗練就的成熟不知道什麼原因卻變成某種人生資產，比較悲哀的是，這資產還賣不掉，只能擺著好看。

不管你現在多大年紀，或許你將永遠都沒辦法想透：「曾幾何時，幼稚是奢侈品？」這個問題，被稱讚的成熟對你來說只是被迫的成長痕跡。

長大了，卻想幼稚點。我老到這步要滿四十歲的田地，幼稚這件事我視如珍寶，無時無刻想抓到機會幼稚一下。一如柏宏在這本書裡寫道，他的朋友 S 說的那句話：「就是要能幼稚才好。」

柏宏啊！對我來說是個弟弟般的存在。我比他老了不只是一點點。
但更確切一點來說，他是個好朋友般的存在，當我發現我的幼稚存量似乎比他多一點的時候，我就知道年紀差別對我跟他之間不會有什麼隔閡出現。如果我跟他兩個人去競爭東森幼幼台的主持人位置，甚至我還可能比他適合。

但我最後一定會被刷下來，不為其他，只因為他比較帥。（可惡！）

不過講到出書，我總算有那麼點資格拿資歷出來說嘴了。

當柏宏跟我說：「我有寫一本書的計畫！」時，我就知道這時候幼稚該放到一邊去，我得給他一些專業的顧問級建議。

咦？但事情不是像我這種笨蛋想的這樣，這孩子拿給我看的東西，遠遠超過我以為我能當顧問來照顧他人生第一本紙本作品的等級！他的文字根本清楚透露出那些「我想說」，真的就是很「我想說」啊！

當他的作品完成，跑來問我「你願不願意幫我寫序？」的時候，我腦海閃過一個念頭，「這個有靈魂的孩子，文筆相信不差，那我的序會不會被海放到看不到車尾燈？」但是身為出版界的前輩，我總得為自己留下一點面子，「好啊！我很樂意寫！你是要那種正經的還是喇賽的？」

我真有種，竟然還提供選擇讓他點餐。

於是惡果很快就來了，我看著他給我的稿子，冷汗流滿面。此時坐在電腦前寫著給他的推薦序，心裡的掙扎你們甘欸當瞭改？

即便你打開這本書的第一印象是他的「旅行記趣」，但是你錯了。

我可以更明白確切的告訴你，這是他的「超長自我介紹」！你可以從他的文字中看到他在每一個思想與情緒中緩緩爬過的痕跡，絲絲斟酌想告訴你的那些「柏宏自己」，這次他的澳洲旅行只是個小勾子，勾起他回國之後想跟大家分享的「那些小路走過我人生的大事」。

於是他就寫了。誠實、誠心、還誠意十足。

而我是多麼羨慕著。

我羨慕著他的年輕與本事，也羨慕著他的精神與性格。

這些造就與捏揉，順著輪廓勾勒出來的每一筆一畫都是他自己。沒有造作，就連微笑都是藏不住心頭閃過的那一道小開心。

讓我賣個老吧！柏宏啊！多年後你會懷念這些我所羨慕的，而且你會喜歡這些造就你的。

但是別忘了，留下適量能發酵的幼稚。

或許哪天老邁退休，在家裡賞著年輕數十年拚過來的那些獎那些盃，你早已經把當年的得失留在那張椅子上了。

而這時你留下的幼稚剛剛好，足夠讓你靈機一動地想跟其中一個金馬獎最佳XX獎來跳一支探戈。

就讓音樂響起吧！

吳子雲 寫於 2016.6.14 午後，雨裡

「旅行，去體驗，並了解：這就是活著。」尼泊爾登山家，世界最高峰珠穆朗瑪峰最早的兩名登頂者之一丹增·諾蓋曾如此說。

「信仰，是人生中不可或缺的環節，擁有信仰……心靈就會有所依靠而安定，而變得強大。」一位優秀善感的年輕演員林柏宏則這麼說。

我想，旅行就是他的信仰，藉由這個信仰，他不斷找到全新看待世界的角度，不停得到各種人們對待生命的態度。這不僅豐足了他的生活經歷，也同時積累了他的創作能量，絕對是身為演員最求之不得的狀態！

而在這趟公路旅行中，他和朋友們在漫長而親密的時光裡，碰撞交流著不同的體悟。

雖然他的友人 H 先生說：「幼稚就是想像力，成熟就是想像力的下降。」但我和柏宏或許更期盼自己能如 JK Rowling 所言：「擁有想像力，我們才能對世界上需要幫助的人們感同身受，理解他們的辛苦甚至是痛苦，為他們設想而提出改善生活的方式，如此才能讓這個世界更溫暖、更進步。」成熟，真的不該是想像力和同理心的滑落！

若成熟代表懂得避開風險，那我們寧願幼稚，讓想像力帶著我們去冒險、去嘗試、去經歷一切未知但有趣的可能性。如果成人世界無止盡的利益追求、欲望滿足會步步進逼大自然，我相信我們同樣都會選擇保有赤子之心，懂得欣賞大自然中的種種神奇美妙，並與所有地球上的生命共享這美好的世界，和平共存、共榮！

身為演員，能不能扮演好各種角色，就看我們能不能站在各種立場「感同身受」、與更多人相互理解，我已經感受到，他能溫柔地看待這個世界，以及生存於其上的生命，因此我相信，他這本真誠的著作，必能觸及你們心中最柔軟的那個角落⋯⋯

林依晨

作者序

我不是一個閱讀量很大的人，但是我很喜歡寫東西，不過在這個社群網站當紅的年代，大家對於長篇的文章開始沒有耐心閱讀，我也開始沒有習慣寫些長篇的網誌，所以我一直想要有一個安靜、專屬於自己的文字的空間，好好地分享一些簡單的小故事。

去年九月快要拍完電視劇《燦爛時光》的時候，我開始計畫了這趟旅行，公司的經紀人建議我可以找一位喜歡攝影的朋友一起記錄旅行的過程，於是我人生的第一本書就此展開。

從寫企劃書、規劃行程、找合作廠商、和出版社談書本構想，然後旅行完開始正式著手寫文章。寫文章的過程一點也不順利，時常看著電腦畫面幾個小時也擠不出半個字，如果卡住就開始挑選照片，四個多月以來我總共寫了將近三萬字，並且從七千張照片挑選出兩百五十張，我每天在書桌前的時間快要和我躺在床上的時間一樣多。接著和出版社討論排版、和攝影師討論相片色調、和樂手討論宣傳影片音樂、和公司討論行銷策略。我不確定是不是每個人都是這樣參與自己的書，但我相信所有人一定是即使辛苦也不覺得難受，因為真的想和大家說故事！我很享受這個成為「作者」的過程，每個過程都經過無數的修改與辯論，才成為你們所看見的樣子，或許不完美，但發自內心。我非常感謝尖端出版社，除了感謝他們在任何文字和照片都還沒看見的時候就願意發行我的書，更感謝在製作過程中，他們對我所有任性的要求和近乎吹毛求疵的修改都仔細而有耐性地一一替我解決。再來要感謝經紀人小豫姐鼓勵我寫出這本書，感謝 Anita 在所有過程扮演溝通的角色。謝謝攝影師順在考慮不到十二小時就決定加入這本書的拍攝。謝謝我的好朋友 H 和 W 在這趟旅行中體諒我們因為拍攝而造成的不便。感謝 Alanpo 義不容辭地幫我做音樂，直到他交出最終確定版本時，他都還沒有跟我提過酬勞。最後感謝一口答應幫我推薦的妮妮、睿家，以及幫我些推薦序文的子雲導演和

師姐依晨（私心覺得序文的文章實在是太精采了）。這本書的製作過程我全程參與，因此我知道有多少幫助過我的人，謝謝你們協助我一起完成這個不可能的冒險，謝謝你們陪伴我創造這麼精采的回憶。

這是我生命中最長時間的旅行，也是我第一次如此鉅細靡遺地寫下在旅行中的種種心情，我喜歡在旅行中生活，我喜歡在生活中思考，《旅活柏事》記錄了關於林柏宏的種種故事，這些小故事藏在我的生命裡，偷偷的影響著我的一些什麼，希望讓你們在閱讀的時候，就像是陪我走過這段旅程，看見我所看見的風景，聽見我回憶起從前的碎碎念，我也相信有一天，你也會去尋找自己的「旅活」故事，讀完這本書後，就勇敢的展開一趟冒險旅行吧！

林柏宏

目錄

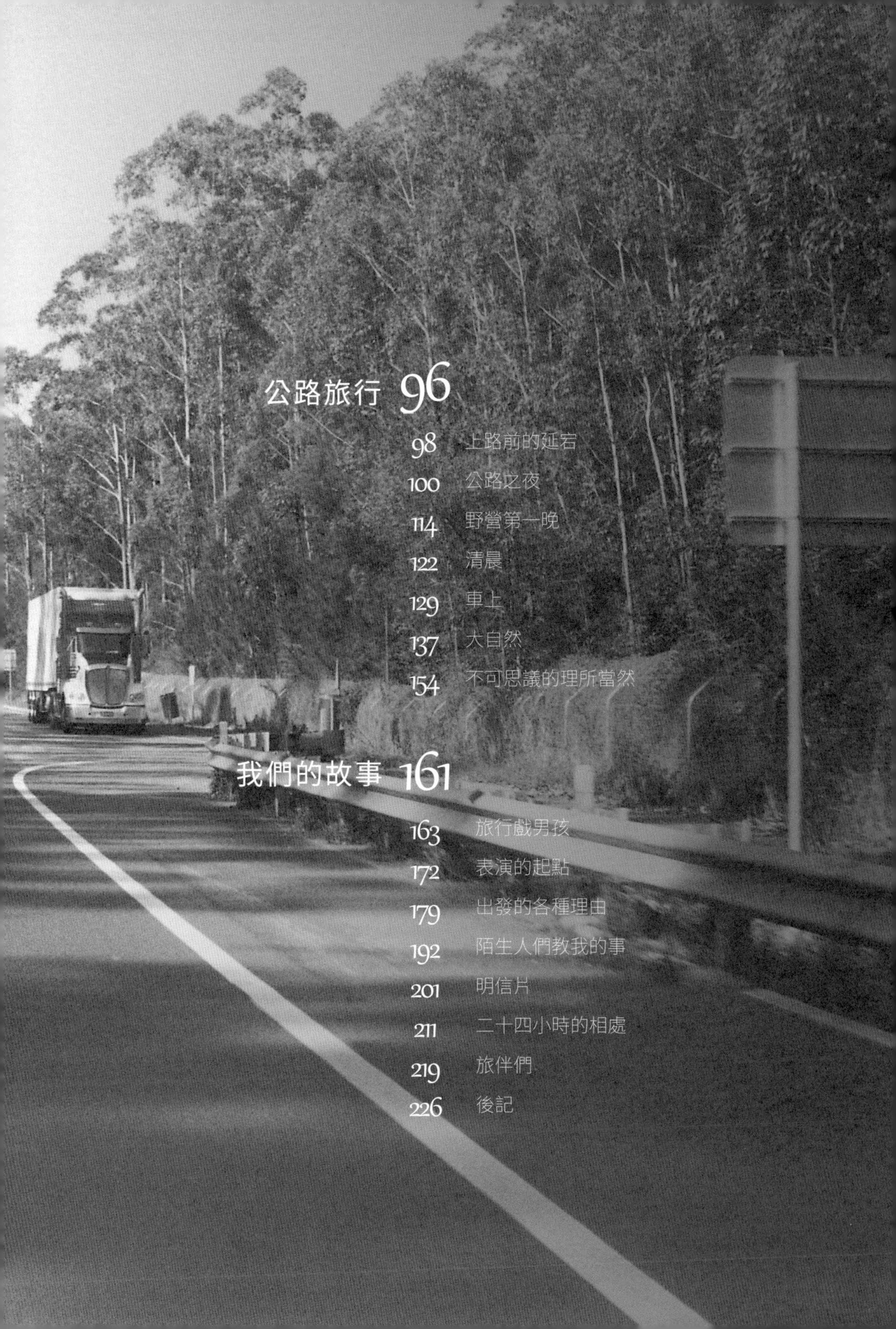

公路旅行 96

我們的故事 161

城市生活

出發的理由

該說再見了。

告別熟悉的生活圈，進入各種全新的可能，就是一場冒險。所有沒嘗試過的事物都可以是冒險，旅行則是冒險的總和，換個地方睡覺、換個人聊天、換間餐廳吃不一樣的早午餐，呼吸另一種味道的空氣、說著不熟悉的語言、坐著沒接觸過的交通工具、看著不同風情的街道⋯⋯。

演員的生活五花八門，幾乎是最常過著各種千奇百怪的生活的人。非常慶幸我的工作帶我到不同的地方，進入到不同的心靈。每次經歷一個角色都像是重新活過一次，再度擁有新的人生座右銘，投入新的興趣專長，為了新的人生目標嘔心瀝血，因為新的原因而流淚，最後直到遇見最親密的人而成為另一個自己。

我總是活在對「人」一次又一次的相遇，一次又一次的告別。我對他們有最私密的理解，卻用最短的時間說再見。這種熟識的新鮮和分離的痛苦交錯著，這絕對是演員工作最令人大呼過癮的部分，但那股癮似乎不因此被滿足，反而在我的身體不被角色靈魂占據的時候，不時地搔著我的大腦：實際多待一個地方，多過一種生活，好像就對這個世界多認識一些，對於發生在世界各個角落的種種故事，好像更能夠想像一些。

那陣騷動又出現了，似乎有個聲音在內心呼喚，是逃離原來的生活也好，是添增新的視野也好，就算只是換個地方做些一模一樣的事情都好。說聲再見就消失，沒有交代的離開最好。

五歲那年的冬天我去了南韓，那是我第一
次出國，我從來不知道那是一個什麼樣的
地方，只記得發生了好多從來沒想像的事
情。我坐在飛機的窗戶邊看著飛機的起
降，興奮地看著雲朵就在我的腳下，緊張
地猛吞口水來平衡耳壓的陣痛。下了飛機
就像走進了冰箱，身上穿著、腳下踩的都
是從沒穿過的雪衣和雪鞋。第一次看到雪
的我，即使不停發抖也要在雪裡滾來滾
去。那短短的幾天，即使如今過了二十幾
年，我也從沒有忘記，似乎是一種身體的
記憶，當全身的感官都被打開，每一刻都
感到刺激，每一件事都感到好奇。我最記
得我回到家後，哥哥一直問我：「雪摸起
來是什麼感覺？那你有吃吃看嗎？」到學
校裡老師也問、同學也問。我還真的把雪
的觸感和口味都詳實地描述一遍，雖然我
忘記說了什麼，但我卻記得我描述起來神
采飛揚的樣子，好像從此以後可以把「看
過雪」當作一件值得驕傲的事情，在人生
的清單上多打了一個勾。

如果「雪」是去韓國旅行的印記，
那我也會記得台南鹹中帶甜的小吃、花蓮的高山深谷、
香港的人潮、上海外灘的歐式建築和曼谷的自由奔放。

我沒有很多的旅行經驗，但每次旅行都讓我驚豔；
我沒有一定要帶回什麼，但我相信一定會有很多事進入腦海，
只要有一件事情深深的儲存著，那就值得出發了。

城市印象

2015 年 9 月的某一天，我和一群朋友在吃晚飯，其中一位朋友 H（男）和他的女友 W 突然說起下個月要去澳洲公路旅行。

「我們先在布里斯本待幾天，開車南下，沿著東部海岸線經過黃金海岸，最後到雪梨。誰要一起來？」H 輕描淡寫地描述著這個明明就很刺激的計畫，我想是他和 W 幾個月前就在澳洲進行過一趟公路旅行了。

我查了一下行事曆，發現正在拍攝的戲快要殺青，於是思考不到一秒鐘就說：「我。」

就這樣，這趟旅行決定好了人選和地點，在我還不知道布里斯本會有什麼風景，無法想像雪梨會帶來什麼驚喜，就決定加入了。下定決心要去旅行除了計畫還要有衝動，說走就走的瞬間讓我的腎上腺素開始爆炸，像小學生要去校外教學一樣興奮，時不時就查查旅遊資訊，閉上眼睛就想像起澳洲的各種風景。更令人緊張的是，我們要去兩週，是我人生中最長時間的旅行啊！

從機場到下榻飯店，需要通車兩小時，這種交通常是出機場後第一個行程。長時間的飛行讓人昏昏欲睡，但我抵抗睡意雀躍地看向窗外。窗外的所有風景都是我對這座城市、這個國家的第一印象，我不想放棄短時間內能看見最多這片土地的樣貌的時刻。

一路上陽光燦爛，湛藍澄澈的天空，大樹高到我仰頭仍看不見樹梢，大片的草原被曬得反射著金黃色的光，草原遠方有一群群的野牛悠閒地邊吃草邊做

日光浴。火車繼續開往市區，綠色的草皮中開始冒出木造矮房，有的漆成橘色屋頂白色牆壁，也有一整棟漆成像布丁一樣黃色的磚牆再蓋上棕色屋頂，這些房子鮮艷可愛，從飛快的火車向外看依然搶眼。看到這裡我睡意全消，開始想像他們的生活，溫暖的陽光是主旋律，轟轟的火車聲是伴奏，餵趕牛羊是中間加入的和弦，真是美好又愜意的生活樣貌。這時候我就確定，這個貼近原始大自然的國度會對我的味！

真正進入市區後，因為轉機而兩晚沒睡好的我們，拖著沉重的行李，從車站到飯店，沿著上坡路段走了二十分鐘，沒有力氣在找路之餘抬頭看風景。但

　沿路不斷出現的一種植物卻引起我們很大的興趣，一種紫色的樹，嚴格說起
來是開滿紫花的樹。交通繁忙的路邊、教堂外的花園和市中心的大公園裡，
紫色的樹幾乎開滿整座城市。我們想也沒想就決定叫它紫薇（還珠格格裡的
紫薇）。每看到一棵紫薇就讚嘆一次，一路走回飯店讚嘆連連，行李的重量
似乎也跟著煙消雲散。後來回家認真地查了資料，發現它叫做「巴西紫葳」
（還真的跟「紫薇」同音！），學名是「藍花楹」，在春天盛開。藍花楹的
盛開也讓我對澳洲的原始、奔放的印象中添加了許多浪漫氣氛，走在藍花楹
下的人行步道，滿地的紫色花瓣，點綴了這個金黃色的下午，也讓這座充滿
高樓大廈的城市可愛了起來。

旅行的美好在於，
我們所有時間都是以快樂為目的的休息狀態，
可以為了任何吸引人的事物停留，
或許是一片矮牆、或許是一陣花香，
或許當地人已司空見慣，
但那陣停留帶給你的，卻是在陌生世界的仔細端詳，
讓它悄悄地走進記憶，成為你對這個城市的印象。

逛超市

十月中,布里斯本的傍晚就像是夏秋之際,曬不到太陽的陰影處,微涼的風就能讓人把防曬用的外套拉鍊拉到最高。來到這裡的第一天,散步一下午的雙腳雖不至於提不起,卻不斷提醒腦袋去補充能量。

我們來到 Wool Worth 超級市場,此行中最常拜訪的地方。

我喜歡超市總是擺滿著新鮮食物的樣子,五彩繽紛的蔬菜水果、鮮紅色的肉塊、閃閃發光的新鮮魚蝦,視線像被加上增強對比的濾鏡,所有食物都變得色彩飽和而更顯美味。西方的超市往往數大便是美:堆積如山的柳丁、超級

家庭號鮮奶、筒狀的大塊起司、多塊包裝的厚切牛排，來到這裡似乎搬走再多東西都不足為奇，不禁會想進行一場失控性購物，以填滿家裡冰箱為原則。澳洲的牛肉絕對是名產，以超市牛肉的數量估計起來，當地人應該每餐都會吃牛肉，所以牛排理所當然成為我們慶祝異地生活第一晚的主食。

逛超市是生活的日常，市場的味道是城市的縮影，食物的味道則是對人的記憶。在這裡什麼都是大包裝比小包裝便宜，BBQ 洋芋片鹹得夠味，巧克力夾心餅甜得發膩，什麼食物的口味似乎都在追求極致。（他們的手搖茶飲也只有全糖或少糖，不像我們連甜度都能分出零、三、五、七、十分糖。）這個國家土地大，生活文化單純原始而追求自然，造就他們人心寬闊，開朗大方，連食物也沒有過度細小的分類，所有食物都必須買很大一份，吃很多天。

這對於我們分類精細的東方人而言，雖不至於不自在卻有些不習慣，而這件

事在「折扣」上卻有令人驚喜的相同邏輯，他們連折扣都是不可思議的「大」器。在澳洲生活一年半的 W 總是一眼就能看見折扣最多的商品，擺放在一起的蘋果看起來沒有差別，價格卻是六七折。我一開始不太適應，後來發現折價商品真的便宜一大截，而且折扣遍布各種食物，一次買下來可能就省下好幾百塊！依賴著西方的大幅折扣，搭配上東方的精挑細選，我們總是可以買到最便宜又最美味的食物。

走進城市的便利商店是它的路人，走進城市的超級市場是它的居民。我們在超市看見所有澳洲人家的冰箱、電鍋、零食櫃裡食物的組合，也讓自己從那些組合裡找到成為當地人的生活方式。

第一天晚餐：牛排、馬鈴薯泥、紅蘿蔔、花椰菜、炒洋蔥，紅酒

第二天晚餐：馬扎瑞拉起司鮮蝦奶油筆管麵、煎鱈魚，白酒

事物的美好都是因為多元，
我們帶著台灣人的生活習慣，進入澳洲人的生活環境，
就能找到最在地卻最舒適的生活狀態。

生活的信仰

我起床後有很多儀式,坐起身喝一大杯溫開水,拿起手機讓它隨機播放音樂,伸展身體把它喚醒,吃一頓健康的早餐。住在外地,尤其是需要工作的時候,我會盡可能的保有這些儀式,像是一種自我修養的精神,一種令人安心的生活方式。

到達布里斯本的第二天早晨,是能夠舒服入睡後的第一個早晨。陽光的熱度曬得我已經快要出汗,我一邊睜眼一邊坐起身,顯然昨晚的紅酒並沒有讓我宿醉,看著窗外通透的空氣裡一棟棟反射陽光,閃閃發亮的高樓大廈,身邊的朋友用棉被衣物蓋住臉龐,擠眉弄眼的像是怕被任何光線中斷他們的美夢。

這個早上我沒有播放任何音樂,梳洗後我一個人走到流理台,進行早晨的最後一項也是最重要的一件事──做早餐。無論身在何處,一個有廚房的房間,就像是一個家了,住在裡頭就像是在過日子而不只是觀光了。馬鈴薯水洗水蒸,蘋果切塊,打蛋時加入鹽巴和起司粉,炒蛋時用溫火不停攪拌,煮一壺熱水泡茶沖咖啡。每一個簡單而日常的步驟都是喚醒我的行為,我越按部就班越感到安心,我享受這樣的不必思考,享受這樣的安靜空白,讓這些行為成為我進入一天的開端。

約莫三四年前，有一位朋友說，早上起床吃一顆奇異果，是一件營養又健康的事。後來又有一位朋友，告訴我早餐一定要吃得豐盛又不油膩。於是我漸漸在早餐裡面加入各種新菜色，經過幾年的「進化」，現在我早餐必定會吃各種水果、堅果、水煮蛋、優質澱粉（馬鈴薯或地瓜），除了種類有限制，烹調方式都是無油，吃起來也要按照順序。一頓健康豐盛的早餐，不必搭配電視，就能夠讓自己的一天有一個清爽舒適的開始。

吃早餐對我個人來說是一天中很重要的時光，有時候和家人或女朋友一起吃著自己做的早餐，更能讓大家像充飽電一樣強大，面對一整天各種挑戰。有人習慣睡前做運動讓自己更好入眠，有人起床一定要喝一杯自己手沖的熱咖啡，讓咖啡香喚醒腦袋，有的人吃飯前會感謝上帝，而吃早餐就是我相信自己會健康快樂的來源。

我們在生活中都會有自己的習慣，習慣來自於喜好，那些習慣逐漸累積成對生活的信仰，每天去做就會成為心靈上的寄託，相信自己做了就會達到某種成果，因而讓生命更靠近我們的理想狀態。

「信仰」是人生中不可或缺的環節，擁有信仰，就能夠安心自在。所謂的信仰不一定是指宗教，有可能是指一種行為，或一種看待事物的方式。人有信仰，心靈就會有所依靠而安定，就會強壯。

我不敢說要好好的吃一頓早餐是多麼了不起的事情，但能每天都做到並不容易，所以當我吃了一頓滿意的早餐，我就真的「相信」快樂會隨之而來！

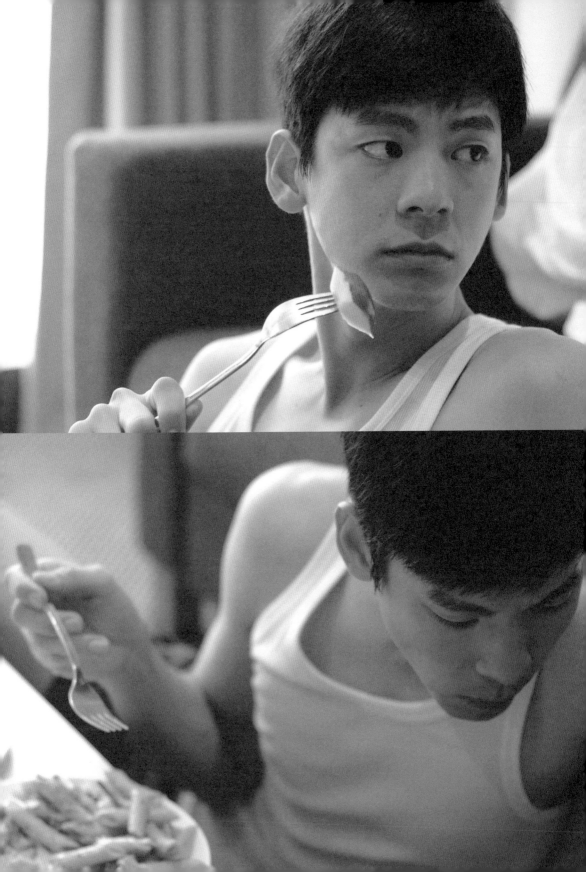

城市的氣味

在澳洲兩天，白天的烈日把皮膚曬得通紅，炎熱的春末空氣乾燥而溫暖，不至於讓身體流汗而能讓人盡情沐浴在陽光底下。直到太陽下山，城市被夜空籠罩，冷冽也隨之而來，若沿著河岸走，突如其來的強風更讓人直打寒顫。

在這樣一個日夜溫差頗大的地方，大家都抓緊時間享受陽光，公園裡盡是曬日光浴的場地，即使每個人都戴著太陽眼鏡，卻是微笑的面向陽光。

我總是對一個城市所散發的氣味特別敏感。到達布里斯本的時候是中午，空氣中有一股陽光照在土地上的味道，很清新、很原始，是大自然的味道，少了點樹木花草的香氣，多了點石頭、崖壁，曠野的氣味。布里斯本的市區很特別，除了高低起伏的馬路，也有天然的山壁在高樓之間。我第一眼看到時很驚訝，但隨後便理解這是他們保護環境的方式。在市區，隨處可見公園和行道樹，所以這裡空氣既乾燥又乾淨，吸進的每一口氣都是舒服的。

記憶中最令我念念不忘的是東京街頭的味道。常聽人說日本的空氣多麼好，實在很難想像，但我一進入市區就理解，那呼吸的順暢是我從來沒有經歷的，空氣像是幾乎沒有雜質般進入你的身體，鼻子不需要負責過濾的就讓它流進來了。好像是冰水之於汙泥那樣的純淨自然。或許因為當時是十一月底，那股低溫的乾淨感，沁涼而舒適，讓我長久以來過敏的鼻子瞬間通透。東京這個城市的氣味，讓一切都如水滴般的透明澄澈，拍照的時候天空無比透亮，柏油路面也像擦拭過般的閃閃發光，都是拜潔淨的空氣所賜啊！

我也曾經在馬來西亞的金馬崙高原待過幾天。孕育著大片熱帶雨林的金馬崙，多雨潮濕。清晨時的濕氣與寒氣同時透進不需要關窗的房間，空氣中盡是樹林枝葉的味道，加上房間窗外一大片花田透著一絲清香。陽光露臉後，暖和潮溼的空氣圍繞在身邊，每一個毛細孔都被悄悄地暖開來，像是被擁抱般的舒適，等到濕氣逐漸蒸發，才真正成為火辣辣的盛夏。這個只有在山林裡的體驗，也讓我在短時間內感受到不同氣味的變化。

最奇妙的經驗在曼谷。曼谷是個悶熱的城市，市區車多人擠，交雜著各種味道，各色人種散發各種氣息，交通工具排放的廢氣或是攤販的油煙味，無法清楚的分析那些味道裡到底藏了哪些細節，卻可以嗅出它們被陽光蒸發的蒸

溽熾熱，甚至感覺空氣格外濃烈厚重。但是我卻無法忘懷曼谷的「自由」。這個城市似乎沒有任何限制，每位當地人皆十足熱情開朗，來自世界各地的觀光客在這裡都是狂歡，遇見的人都可以聊上幾句變成朋友，空氣中瀰漫著各種味道，我就將它稱作奔放的氣味。我也是在當地待了幾天才體會到，原來無論是陰是晴，大家都一樣快樂，所有人都自然而然地玩在一起，或許是因為他們的空氣裡，就是包容著各種味道吧！

不確定是不是在日本被打開對於空氣的敏感，似乎每到一個城市我就會細細品嘗它的氣味，從冷熱可以記得地理背景，從乾溼可以記得它們的天氣，從味道的組成就可以記得環境。現在回想起某一個城市，我幾乎都可以記得那些細微的氣味，成為畫面。回到演員的身分，當我要想像一種自由奔放的環境狀態，我就想起我在曼谷酒吧、街上熱鬧的人潮與歡笑；當我要進入一種古老年代的規矩與壓抑的氣氛，我就會想起京都那些寺廟建築。空氣有味道，食物有味道，水有味道，時代的氛圍、環境的組成有味道，連人的心情都有味道，每口呼吸都是對一座城市的體會，我在這裡用力呼吸，將身體的一部分確實和大地交換，讓我有大地的氣味，大地裡也有我的氣味，是我曾經生活在那裡，最好的證明。

有河的城市

有一條河在城市是很幸福的,讓我們在日常生活有個舒適的地方可以散步,也有一個理由和方向慢慢欣賞一座城市。我們永遠想像不到,有無數的期待正在被搭建,有無數的夢想正在被實現,一條河上,太多故事在發生發展,太多人們在和好分開。

有一些事情即使很觀光客也要去做的,例如搭渡船。在布里斯本的渡船有些是免費的,到了港口發現很多當地的高中生(一看就知道的那種),就像自己以前也會和國高中同學從淡水搭船去八里一樣。才發現原來這是當地人很愛的休閒活動。

布里斯本河幾乎在市中心,乘坐在小小的渡輪上,看著眼見的一切景物,我腦中突然閃過三個字:芝加哥。

芝加哥運河也位在市中心,河道雖然不寬,卻是芝加哥的城市要塞。記得當時我也是搭著渡輪,從碼頭往內陸開,河岸兩側除了直入天際的摩天大樓以外,竟然有許多可愛的咖啡廳就鑲嵌在沿岸的歐風建築裡。初秋的海風乾燥微涼,我遙望他們喝著熱騰騰的咖啡,突然驚覺周遭是多麼陌生,自己竟然來到這麼遙遠的所在。經歷兩個月的表演訓練和角色甄選,體驗好萊塢劇組的製作狀態,接觸了夢想合作的導演和演員們,來到這裡是因為我在芝加哥拍《變形金剛》啊!這一切開始被釐清來由卻又帶著不敢置信的魔幻,是我

的工作帶我到地球的另一端，來到一個我從沒想像過的夢想裡啊！

我非常幸運的有個單純的舞台讓我盡情發揮，在一段時間內專注往一個方向不畏懼的直直邁進。我從沒學過表演，卻在北京因為《變形金剛4》的甄選，擁有了一起學習的同學。我們每天都在互相督促完成角色功課、做情緒練習，反覆讀著劇本想像如何能夠更有趣的呈現。直到現在我還是懷念那段時間，只是為了學習而學習，一群人齊心協力構築夢想。

用生命的力量投入一件事情，不論結果如何都感到滿足。

我第一次如此遠離家鄉，這裡所有畫面只是我生命中的驚鴻一瞥，卻刻下了永生難忘的畫面，因為帶我來到芝加哥的，是我的夢想。

看著布里斯本河的兩岸，一樣有數不清的摩天大樓，一樣有可愛的咖啡廳，再往內陸開，開始出現尚未開發的大塊岩壁，和家門前就停泊著小艇的港邊小屋，我經過布里斯本的「故事之橋」（story bridge），想像著更多未來的可能和不可能，期待自己遇見更豐富跌宕的人生故事。

二十歲的我因為拍電影第一次長住在台北以外的城市——高雄。那時候晚上常慢跑，熟悉了以後越跑越遠，最喜歡跑到愛河邊。愛河的兩岸鋪有非常完整的步道，有許多在散步的人們，有河岸咖啡廳和酒吧，不時還有街頭藝術家在演出，一邊看著這些風景一邊享受溫暖的風，讓我真心享受待在這個城市，多麼希望自己的家附近有一條走路就可以到達的河。可以運動，可以漫步，可以放空，還可以約會……

某個晚上我騎著腳踏車在愛河邊，整片黑色的天空突然被點亮，像是正中午的陽光燦爛搭配一整片的藍天。我嚇到緊急煞車，慌張地環顧四周。在我右後方有一個比月亮還小一半的大火球正在天空飛，火球亮得刺眼，兩側有細長的火焰，後面還拖著長長的白煙尾巴。瞬間雞皮疙瘩爬滿我全身，各種念頭在我腦袋冒出。我甚至認為下一秒就是世界末日！在我過度驚訝到張著嘴巴卻說不出話時，火球就飛往天空的另一端，消失在河岸的盡頭，天空迅速恢復黑暗，只留下一條白色細長的雲煙軌跡。我愣了好幾秒，反覆確認著當下到底是不是夢，然而環顧凹周卻沒有任何一個路人像我一樣看傻在路邊。

「那是什麼？那到底是什麼？」我心裡不斷在默念，可惜當時還沒有智慧的手機拍下這幅超過五秒的奇景。

心裡千頭萬緒交雜著思考，讓我簡直是用慢動作下車，不知道是太驚訝還是太緊張，一路走回飯店全身都還在微微顫抖。後來一個喜歡研究天文的朋友告訴我那叫做「火流星」，但查不到正確的定義內容。既然名字裡頭有流星兩個字，我就許了願望。

兩個月後，那部電影順利拍攝完成，我也因為那部電影讓大家第一次以演員的身分認識我，而開啟了演員之路，願望算是實現了！

愛河從此成為我心目中的幸運之河，每當我來到這裡，或是看見一條河，我總會想起那顆劃過天際的大火球，像我當時初生之犢的拚勁和熱忱，用力的發光，在一片星空中留下自己的樣子，即使過了很久很久，我相信這條河、這顆火流星還是會繼續守護著我的！

街頭藝術家

到布里斯本的第二天是豔陽高照的星期六，耀眼的陽光和湛藍的天空像是催促我們在好好的睡了一覺後趕緊出門。我們總是走路前往市中心，邊散步邊欣賞城市街景，一路上有歐式建築的市政廳，也有各種現代街頭藝術品，更不乏出門壓馬路的當地人。我手捧一杯澳洲麥當勞限定的哈密瓜冰沙站在徒步區的十字路口，盯著來來往往的行人觀察了好久好久，想要看清楚所謂「布里斯本人」。

突然一陣熟悉的音樂吸引了我，我循著音樂走去，是五個年輕人在街角演唱，是一首我非常熟悉的歌曲《I'll Be There For You》（美國影集《六人行》主題曲），或許就這麼一首，或許就這麼一次，我興奮的跟著唱了起來，

唱得不比任何人小聲，那一刻，我不在意任何人的眼光，很確定自己已經徹底地融入那個鬧哄哄的小角落了。在一個素未謀面的城市能夠找到任何一點熟悉的連結，絕對是在預告自己能夠喜歡這個地方。

不論身處何地，只要遇到街頭表演者我必然會停下腳步，有些人唱著自己喜歡的歌曲，有些人演奏自己的創作，有些人用一只平凡無奇的樂器彈奏出你從未聽過的音色。我總是好奇他們想要表達的是什麼，總是想感受他們表演裡那股熱忱，但我最想一探究竟的是，為何他們想要訴說的欲望那麼強烈？當他們今天走出門準備表演的時候，會不會擔心沒有人要觀賞他們的表演呢？如果一個圍觀的人都沒有，他們會不會一樣熱力十足的演出呢？換作是我，有沒有辦法像他們這樣呢？

我也非常熱愛表演，非常熱愛歌唱，甚至因此參加《超級星光大道》節目比賽。當時的我並非為了成為歌手，只是憑著一股單純對唱歌的喜愛而去。我記得陶子姊對我們說過一句話：「你夠熱愛唱歌嗎？你願意為你的夢想付出多少努力？」那時懵懵懂懂的我，開始思考對唱歌的感受。後來因緣際會下成為演員，因為喜歡而繼續，我也不斷地問自己，表演是什麼？

表演是一種真實人性的呈現，即使故事不同，身分不同，我們總能透過演員表演而被戲劇裡相同的情緒觸動，產生共鳴。身為一位演員最有成就感也最值得驕傲的時刻，就是觀眾在看了自己的演出後，向我訴說內心的各種情緒，感動也好，開心也好，悲傷沉重也好，因為在那一刻，我們的表演真正的激起了他內心的漣漪。現在我才漸漸明白，原來唱歌或表演不是只會讓自己開

心，我們也能夠透過表演，和所有觀眾溝通。那些溝通可能是很直接地大笑或是熱情尖叫，也可能是很私密的暗自垂淚、心有戚戚焉。

走上演員這條路之後，我開始更留意身邊的人，觀察他們說話的表情，聽他們說話的語氣，思考他們說一句話背後的情緒是什麼。有朋友問我：「演員的生活究竟是怎樣？」

其實生活裡我們也需要扮演很多角色，就像面對不同的人會有不同的面貌。例如對陌生人冷淡，對家人關心；或是對顧客有禮貌，對朋友搞笑。都是在選擇自己的角色與詮釋。多重的角色就可能會發生矛盾，例如老師是媽媽的好姐妹，或同事是好兄弟的小三。越深的感情交錯就越難解，越多的角色重疊就越複雜。我們都時時刻刻在角色間轉換，每個人面對角色重疊的態度也不同。能不能扮演好各種角色，就看能不能站在各種立場去感同身受。當我們把心打開，所有的敏感被挑起，就能與更多人相互理解。

表演是用心靈用感受與他人溝通，各種形式的表演都是期待在任何一個時刻能夠打動人，這讓我真正喜歡表演，享受表演。於是我在表演當下總是用心靈勝過於用腦袋，更不去擔心有沒有觀眾，因為我相信，只要是真誠的演出，就能吸引人。

更多的朋友會問我：「你到底比較喜歡演戲還是唱歌啊？」

我只想告訴他們，不管什麼形式，表演就是快樂的，像看表演一樣快樂，快樂不需要比較，享受當下就好！

<u>Note</u> 在雪梨的星期六又來到了市中心，一整趟旅行都在為找不到 live house 聽歌而苦惱的我們，終於聽到了一個澳洲當地樂團的現場演出，歌很好聽，二話不說買下他們的 CD，推薦給大家！

市集

趁著在布里斯本的星期六，我們在布里斯本廣場上看到將近兩百個攤位，正懷抱著雀躍的心走進去就開始發現不太對勁，原來當天的攤販百分之九十九都是賣女裝的啊！我們還是想在這個跳蚤市場裡挖到寶，但大部分的老闆似乎看我們是男生而反應冷淡，我們只好開始以挑禮物的心態繼續逛。

其中一個令我印象深刻的是賣舊書的攤販，一個穿著蝙蝠俠 T-shirt 的大叔在他鋪的人工草皮上光著腳向我介紹他那些有二三十年歷史的連載漫畫，於是我立刻挑了幾本送給朋友。另一個買下的是一副只要台幣五十塊錢的二手太陽眼鏡，姑且不論品質如何，在這一大堆女裝攤裡能找到一副好看的眼鏡，說什麼也要把它帶回家，留作紀念也好。我喜歡各種二手的商品，雖然帶著被使用過的痕跡，卻像是用商品記錄著時間，也留下前一位使用者的生活狀態。它的缺點是過時，優點也是過時，在那些二手物中，我們看見過去的流行，感受到當時的世界，二手衣物的陳舊感，反而像是附載著各種故事。

雪梨市區的岩石區（The Rock）在假日則有很完整的市集區，遊客除了可以一邊欣賞古老的岩石區建築，更能在攤販裡看見屬於澳洲當地的文創特色小物。其中令我念念不忘的一個賣電影底片的攤販，這個攤販經過好萊塢的授權將原版電影的其中一小段膠捲裱框販賣，大多數都是非常經典的老電影，值得一提的是，每一條膠捲都有自己的身分證！雖然非常有收藏價值，但動輒六十千塊台幣，我還是忍痛看看就好。

我在岩石區帶回來的是一個竹製手機殼，去澳洲前剛換新手機的我，基於想留下一個真正的紀念品而選擇了它。我相信不論過了多久，袋鼠的圖案會讓我一看見它就想起澳洲，細緻的刻功也讓它值得好好收藏，甚至過了半年，它仍然散發著木頭的清香！

其實我們幾個同行的朋友都喜歡逛市集，可以真正接觸當地人，也可以從市集中看見他們對生活的態度。這些帶著自己作品來到市集的藝術家們，通常都非常樂於介紹自己的作品，並且帶著一個分享的心，他們都希望你真正了解這件商品的價值以後再購買，讓你帶回去的不只是商品本身，而是他們的美學概念和創意精神。這樣的藝術家本質，是我在市區裡看見最美麗的人文風景。

幼稚的能力

站在布里斯本市中心飯店的二十樓窗邊，我們看著不到十一點卻幾乎沒有燈光的城市一隅，四個人手上端著皆已見底的紅酒杯，酒酣耳熱好不快樂，決定打開窗戶散散熱。不知是樓高還是夜晚，細小的窗縫竟吹進好強的風。

「嗚，好涼喔～」我用一種很誇張起伏的音調說了這句話，卻沒有人附和我。

「嗚，我好幼稚喔～」我不太確定是我真的很幼稚還是我只是喝多了。

「幼稚沒什麼不好，就是要能幼稚才好。」我記得應該是 S 說了這句話。

S 是我的朋友兼本次旅行的攝影師，總是用一種比我們大了三四歲卻老生常談的語氣告訴我們各種三十歲過後的思維，例如說：開始對於外界的眼光感到壓力，關於是不是在一個穩定的工作狀態、所交往的對象想不想和他（或對方想不想和自己）步入婚姻，似乎不能夠經歷一場說走就走的旅行，不可以輕易地表現自己真正的情感。好像三十歲是一個緊箍咒，尤其如果個性比較自律或是隨時思考自己的人生狀態的人，那三十歲就是一個必須進階的包袱。

人都是必須要往前的，只是從小我就有種奇妙的感受：小學一年級的我，眼裡總認為五六年級的哥哥姐姐好大、好成熟，等到自己升到六年級卻覺得怎麼沒有自己從前想像的這麼「大」，似乎還是有什麼不夠到位或還有什麼不如我從前所想像。這個感覺每年都在循環地發生著，當我國中時看著高中的哥哥、大學的表姐，我總嚮往他們正在經歷的生活好特別、好成熟，等自己到了那個年紀，自己卻為什麼總是「有不及而無過之」。我們

一在再未來的自己有各種「長大」的期待，卻一再地體會「長大」不過就是那樣。

有時候我會被這樣的想法困了好久，一直告訴自己該長大了、該改變了。直到我看到一句話：「當你很享受自己的幼稚時，你就真的長大了。」

幼稚究竟是種能力，還是一種狀態？

有一種盒裝玩具叫做「萬能麥斯」，是我小學時期的最愛，每一個盒子都是

一個不同的主題,有的是原始森林,有的是高科技太空梭,有時就是一隻大蟒蛇的頭顱。盒子裡有各式各樣的機關,除了一定有一個男主角「麥斯」,還會有一些惡魔或野獸。在還沒看過卡通之前,我就時常帶著麥斯在好幾個主題裡穿梭打怪,一個下午拿著幾個盒子,編寫好幾個冒險故事。

我不確定那時的我是不是幼稚的,我只確定那時的我是快樂的!為什麼十歲的我可以那麼容易快樂?因為幾個小玩具而開心地度過好幾個小時,我快樂地在自己建構的世界裡,快樂地翻山越嶺,快樂地斬妖除魔。我總是能在同一件事裡找到千奇百怪的樂趣。

「幼稚就是想像力阿！小時候有想像力就會容易感到快樂，現在見過的事情越來越多了，自然就對事物感到比較冷靜。」H 說。

「所以這是為什麼小時候可以因為玩具就開心，現在因為酒精才能開心嗎？」我繼續推論，但沒有很同意的意思。

「成熟就是想像力的下降。」H 又說。

「那演員的成熟度一定不高囉？」S 的問題總是透露出他對演員這個職業的好奇。

「具有想像力是一種能力，成熟也是一種能力。當自己因為被形容為幼稚而感到開心，那應該就是真的成熟了吧！」我說。

《哈利波特》作者 JK・羅琳曾在一場頂尖大學畢業典禮上說,「想像力」是上帝給她最好的禮物,她希望台下所有優秀的畢業生都能保有想像力。因為有想像力,我們才能夠在看見這世界上所有需要幫助的人時,感同身受他們的辛苦甚至是痛苦,並為他們設想而提出改善生活的方式,也才能夠讓這個世界更進步。

幼稚是一種態度,它讓我們勇敢地使用想像力,不斷探索未知,不顧一切實踐不可能。比較起一直渴望長大的從前,現在的我反而期待自己多些幼稚的膽識,瘋狂地去嘗試各種可能,在表演裡、在生活裡,與其過得安穩,不如過得好玩。

幼稚讓我們天馬行空,卻可能帶給我們意想不到的美好。我再也不害怕長不大,而是害怕忘記自己小時候的樣子。我對這個世界永遠充滿好奇,並希望它的未來永遠超出自己的想像,因為超乎想像的未來世界,絕對比較好玩啊!

我眼中的風景

無論在世界各地的哪個城市,我最喜歡的地方通常不是觀光景點,反而是附近的小巷弄,有時候景點離車站有很長一段距離,反而能讓我雀躍地四處亂逛,藉以確認是否如同電影或書籍裡那些關於城市的描述。

記得我在京都的那幾天，每天的行程都是參觀不同的廟宇或佛寺，但我最留戀的卻是從地鐵站前往觀光廟宇的路程。我們穿梭在大大小小的街道，京都人家的庭院花園、矮牆建材，或是極簡風格的平房，每戶人家都富有特色，讓我像是看著展覽一樣的大開眼界。途中經過一家社區電影院，時刻表上的海報竟是一部部成人片，雖然沒有時間進去一探究竟，但在這個看似寧靜而傳統的小鎮，看到這樣的場景，我和同行的友人都大感驚訝。記得我們愣在那裡研究了好久，想確認它到底是不是真的。後來想一想，也許是我們太大驚小怪，對於當地人來說，公開播放影片的談論「性」，總比壓抑著不談論來得好。這就是他們的直接和開放，真實的面對人性，我不只印象深刻，還非常欣賞這樣的態度！

雪梨的派丁頓（Paddington）區，是個寧靜傳統的區域，風格接近台北市的天母，在城市的邊緣，卻是個環境清幽令人想定居下來的住宅聖地。穿梭在當地的巷弄，看見的盡是一棟棟極富特色的古老歐風建築，有的像是來自夢幻的童話故事，有的卻像是神祕的異國古堡，每棟二到三層樓的平房都有自己的色調風格，並列成排時又具有一貫的古典樣貌。向當地人詢問才知道，原來這樣的建築風格叫做「Terrace house」，是澳洲東部的傳統家庭式建築，每戶家庭自成一棟，門前有庭園，房屋呈長條狀，特色是樑柱及陽台設計皆有雕花。看著一戶戶人家自行發揮配色與花紋創意，令人目不暇給，讚嘆連連，實在是一個好看又好拍的城市街景。

旅行中難得的總是行程安排之外的收穫，驚喜的總是意料之外的美麗，有些人選擇旅遊書上的景點遊覽，有些人則選擇跟著當地人過生活，然而最能留在心中的，是自己對那個世界的見解，或許是當地人的居所，或許是城市廢棄的一角，或許是人民的生活態度，只要眼裡看見的都是風景，只要心中感受到的都是風味，那種風景是自己定義的，而那些屬於自己的特殊體會，也會是你愛上那個國度最深刻的理由。

跑遍世界

短短二十多年的人生，最讓我持之以恆的事情就是「跑步」。跑步是我熱愛的運動，是我和自己獨處的娛樂，是我忙碌中最能夠放鬆的調劑。

我在小學五年級時就是一個很愛跑步的小孩，是會在假日早上趁著太陽還沒完全出現，早上五點半在公園裡晨跑的那種，回憶起來連我自己都感到不可思議，怎麼會有一個小學生做這樣的事情。雖然我不記得我跑了多遠多久，但我總是記得那時候可以自己一個人「跑」出門，愛往哪裡就往哪裡「跑」，然後汗水淋漓地回到家，好不痛快。

國中和高中雖然花了很多時間在念書，但也從來沒有荒廢跑步，每週至少會有三天在學校跑完步才放學，那時候總覺得精力無窮，操場一二十圈卯起來跑，邊跑邊和同學聊天，在為了升學而努力的階段，是練體力也是紓壓。

大學時期拍第一部戲，為了導演下的減肥令，我也每天跑步持續三個月（外加游泳與重訓），當時的課業壓力並不大，但對於要成為一個演員的壓力卻不小。那時候我總在想，要成為一個演員，一定要做些從來沒有過的嘗試，即使我再喜歡跑步，「每天」跑確實不是件容易的事，持之以恆的鍛鍊，是身體上的，更是心志上具挑戰性的角色功課。

二十六歲第一次參加馬拉松，雖然只是二十一公里的半程馬拉松，但是無論是距離或時間，都是我從來沒有挑戰過的程度。在準備馬拉松的一個半月內，我一邊拍戲一邊鍛鍊，除了跟著跑步教練的指令每週執行不同的練跑「菜單」，還加入針對長程路跑的肌肉訓練課程。那陣子一收工就去練跑，不論

在哪個城市工作，我都必須找個適合的地方，一跑就是一小時起跳。我打從一開始就給自己設下了兩小時完賽的目標，對於首次參加馬拉松的跑者並不容易，但我就是一股腦地想挑戰自己，希望跑出一個漂亮的成績。比賽當天，起跑前下起滂沱大雨，三萬人陸續從起點衝出，溼滑的路面、寒冷的天氣加上萬頭鑽動的路況，使我沒辦法專心自己的配速。最後我並沒有跑到我的理想成績，而是多花了五分鐘的時間，讓我小小的失落了一下。後來我逐漸理解，馬拉松並不是一場比賽，而是一場對自己的試煉。熱愛跑步如我，當面對超出體力的鍛鍊、長時間長距離的考驗，以及不熟悉的路況，若能夠克服這些困難，就是最大的收穫！我很慶幸有那段時間的訓練，也很喜歡那段時間的自己，那樣專注的狀態，是我可以很驕傲地說自己過著「跑者」的日子。

跑步除了排除身體裡的廢物，更可以排除腦袋裡、心靈上的廢物。

每當我戴上耳機，聽著重節奏的音樂，彷彿進入另外一個時空，與世隔絕。腦袋裡的思緒飛快，如同我不斷向前踩跨的步伐，一步接著一步，念頭一個

接著一個，好像在短短不到一小時的時間，可以將此刻腦袋裡糾結成球的事物，抽絲剝繭般一絲一絲清晰理順。有時同一個事件重複閃過幾回，就知道這是當下最令我念念不忘的事情。有時讀完劇本去跑步，甚至在一邊跑步的同時，也慢慢釐清了角色狀態。

對身體來說，跑步總是起頭難，開跑的前十分鐘，身體機能尚未進入跑步狀態，像是機械需要熱機一樣的過渡期，每個人的過渡期長短不一，通常我是前一千公尺。當身體熱起來進入「跑步模式」時，就會開始忘記所有痛苦，忘記肌肉正在加強收縮，忘記心肺正在加強運作，身體的一切會帶著你直接跨出下一步，而你什麼都不必做，只要跨出去就對了。如果用喝酒來比喻，這段時期就是喝醉的前一個階段，傳說中的「茫」，就是微醺的意思，這是跑步過程最神奇的一個階段，也是最專注的階段，讓你不會去計算已經過了多久跑了多遠，你只會意識到步伐正在向前，並且一直想繼續向前。持續「茫」了很久，就會進入「醉」的狀態，據說這時候是身體有大量的腦內啡分泌，它讓你在腦袋裡產生「幸福感」，也是所謂「跑者的愉悅感（runner's

high）」。在這個階段雖然不是真的喝醉，但我卻是如同喝醉一般開始邊跑邊唱歌跳舞，有時候整個操場只有我自己，我更會毫不保留地放聲唱歌。

路跑的成就感在於能夠真正的向前，而不只是原處繞圈。在陌生的城市跑步則能讓我藉機認識城市的小巷弄，因為需要認路，所以會專注地看著所經過的人事景物，有時候街角的一塊小招牌，路旁一間咖啡廳的烘焙香，都可能留在腦海，成為我的跑步地圖標記，這些注意力的轉移，讓我不專注在身體的疲勞或心理的失去耐性，而能夠越跑越久。布里斯本的故事之橋距離我們住的飯店並不遠，我當然趁著一整天的行程開始前，感受城市不同的視角。早晨斜射的陽光，讓我即使吹著一陣陣的風也不覺寒意。後來住在雪梨郊區，我則是趁著傍晚時，沿著飯店外的公路跑向附近的社區。進入社區的巷弄就像進入台北市的民生社區，也像歐洲城市的近郊景色，每戶人家皆是極富特色的矮房，屋前一片花園，種著屋主喜愛的各色草木。有的人家在兩棵大樹間綁上吊床，有的則有完整豪華的 BBQ 設備（但因為怕打擾居民就沒有多拍照片），看著他們的房子就能想像他們過的生活，跑過他們的屋前小徑，就能感受他們日常生活的景致。

在我的生活裡，跑步不只是體力的訓練，更是心志的訓練。當我想改善身體狀態時，我去跑步；當我想改變心情時，我去跑步；當我想好好跟自己相處，我去跑步。跑步是我生命中很重要的一個部分，也是我的身體製造快樂很簡單的方式。在旅行中，跑步無疑是種認識陌生地區的特殊途徑，我喜歡跑步，我也會一直持續跑步，希望未來的我能在走遍這個世界，看遍這個世界的同時，也「跑」遍這個世界。

公路旅行

上路前的延宕

旅人有兩種，一種是帶著詳盡計畫的行程，另一種是走到哪裡算哪裡。一起旅行的朋友們和我都喜歡隨興的行程，喜歡自由調配時間，也喜歡可以為任何有趣的事物停留。於是我們總是每天出門前才確認今天要往哪個方向走，甚至很多時候，回到家才發現，去了一堆出門前沒規畫的地方。

在早就計畫好的行程裡，我們打算在布里斯本住兩晚就要踏上公路旅行前往雪梨。這兩個晚上的悠閒中，一直有一絲不確定的緊張感——我們還在等待租車公司的回覆。為了要省錢，我們租的車子是回程車[1]，好處是可以用極低的價格租車，壞處是限制較多——無法自由選擇天數、車子款式較少等等。

就在應該要退房的當天早上，我們收到回覆訊息：「申請失敗。」

我們要現在離開飯店嗎？行李怎麼辦？現在租車來得及嗎？我們沒租到車要續住嗎？續住的錢會很貴嗎？那我們要先找另外的住所嗎？幾點要退房？

我的腦袋瞬間冒出一百個應該想清楚的問題。而我們確定的是，今天是星期天，再寄出的申請信也要明天早上才會收到回信，租車公司距離飯店通車要一小時，網路上沒有公司電話，去了也可能會撲空。

留下來沒有安排行程，又怕耽誤之前的計畫，硬要上路又不能保證有車。同時間飯店櫃檯已經打電話來催促我們退房，我們四人又焦慮又沒有人真正地做了任何決定，於是僵持了十分鐘。我們決定先問櫃檯，結果續住依然是優惠價格（一晚美金 80 元）！大家鬆了一口氣，決定續住！

另一個問題來了，現在的網路上看到的回程車都是小客車，四個人含行李可能要兩台才夠坐，所以我必須也申請一輛。於是我用最快的速度填妥資料，並且在內心禱告一切順利。

星期一，吃完早餐的我們還在等待送出車輛申請的預約 email，緊張的氣氛從昨天晚上就開始醞釀，四個人加緊速度把行李收拾乾淨，卻時不時地關注著車輛申請的回覆。早上十點半，我收到手機訊息通知申請失敗，同時 W 卻說，另外一輛申請到了！

晴天霹靂，那我們要再待一天嗎？同時櫃檯的電話又打來提醒早上十一點我們必須退房。

掛上電話，我們考慮後續行程，不得不出發，快速整裝，心裡再度開始默默祈禱，那台車裝得下四個人和兩大三小的行李箱。

前往租車公司的過程也不順利，因為租車網頁上並沒有地址，只知道租車公司在某個國內機場附近，前往機場的路上我都在打電話確認租車事宜，但澳洲腔英文對我來說簡直是一種陌生的語言，不斷掛掉電話重新撥打讓我煩躁又痛苦，連續三通的電話最後似乎都因為轉接到錯誤的單位而被掛電話，令我挫折不已。本來以為到了機場就能看到租車公司，結果整個小機場裡沒有人知道那間租車公司，直到三十分鐘後我們坐上計程車，才順利前往租車公司。

坐上我們租的車子已經下午一點，我們一路狂飆把車開到最近的休息站吃飯，並且回飯店搬行李。五箱行李要塞進一台小客車，後座的兩人必須要隔著一個 25 吋行李箱，但不管是否舒適，我們只能繼續往前，嘗試了三到四種行李塞法，終於「連人帶箱」的進入車內，還順利的關上車門。我記得關上後座車門的時候，我們還歡呼了一下！

如果要我回想整趟澳洲行最刺激的一天，那就是這一天。在踏上我最殷殷期盼的公路旅行前，竟是如此一波三折的開端，雖不至於失敗，也折騰了好些

時間。旅行永遠沒有一定，更沒有早知道。周密的計畫可能會帶來很多方便，但隨時可能有變數，並非萬無一失，有些人對這些失誤感到焦躁，也有些人像我們一樣鬧鬧哄哄，一路嘻笑，像是在進行闖關遊戲般享受失誤帶來的刺激感。即使接下來的旅途再不順遂，我們都會記得一開始是如何的突破各種難關而堅持要踏上這趟旅程，無論再辛苦再失控，我們都會想辦法讓它變成是種快樂！

終於，我們上路了！

Tips 　對於要租回程車朋友的建議：雖然時間越緊迫可能會租到越優惠的車子，但澳洲人星期天是不上班的，平日的下班時間也不會收發郵件，還是建議提前幾天下訂，以免向隅。另外，非當地的信用卡通常很難租到回程車喔！

1　幫乙地要租車的客戶，把車子從甲地開過去。我們從布里斯本出發，把車開到雪梨的租車公司。租四天三夜大約台幣一千元不到。

公路之夜

駕駛在筆直寬敞的公路像是沒有終點的開著。這一天我們從豔陽高照忙到陽光斜射，再從夕陽西下進入夜幕低垂。四個人長時間地待在這個被塞滿的狹小車體，我們正在適應這輛車子裡的氣味，正在適應躺靠座椅的角度，這將會是這幾天和我們最密集相處的一個空間。

循著 wikicamp[1] 的指示以及時間估算，我們正準備前往一個位在湖邊的營地，試想看看，若隔天一早能被湖邊的寒氣凍醒，起床時看著湖面蓋著薄霧，聽著水滴落進湖裡滴滴答答的聲音，為了這幅奇景，這幾天的辛苦也是值得的！

遠方的天空逐漸從暗橘色的彩霞正式被布滿星空的黑夜取代，我們也從公路彎進了鄉野，像是從省道進入旁邊皆是田地的街道般，馬路的兩端沒有路燈，只有地上的白線，若遠方有對向車輛，則會稍微知道這段路之間是彎是直。黑暗讓人越駛越緊張，在這片荒野當中我們不敢馳騁，深怕路況出什麼差錯。長時間黑暗的視野，沒有與任何車輛交會，我們像是困在一個黑色箱子裡到處亂繞，分不清東南西北，甚至讓我們想起《德州電鋸殺人狂》的故事。若在這時候有一台沒開車燈的超級大卡車猛然撞向我們，幾個彪形大漢向我們勒索，我們除了把手上買不到一星期的 iPhone 6S 給他，沒有更好的辦法了！（笑）

我們到達營地的入口時，一個電動圍欄擋住了我們的去路，上頭標示著營區入口在一小時前關閉。公路旅行的第一個目的地，失敗。明天早晨在湖邊醒來的美麗幻想，失敗！

說走就走的旅行看似瀟灑，但總是有各種潛藏危機隨時會爆發，四個人沒有時間抱怨，取而代之的是趕緊查詢了距離最近且評價最高的營地。飛車前往！（當然回到車上還是忍不住開始抱怨。）

我不確定我們又如何從營地經過無數的黑暗小徑，再回到燈火通明的寬敞公路，也不曉得到底又開了多久，只清楚一路上聊的話題已經從「為什麼 wikicamp 沒有把入營時間限制寫在說明裡？」聊到「德州電鋸殺人狂會選擇要錢還是要手機？」，並且四個人說「肚子好餓」超過一百遍，終於來到了第二個營地—— Tully Park。

我們不確定這座露營公園到底有多大，只看見中央營區停靠了超過十台的露營車。我原以為露營區將會充斥著大大小小的野外營火趴，或是大家飲酒狂歡談笑風生，沒想到黑暗之中異常安靜，沒有任何一群人大聲交談，或許這就是露營者們的禮儀，在自然環境中靜悄悄的待著，不打擾任何生活在這個環境的動物，更不影響想要享受這個環境的人類。我們選了一個能停下一台客車和能容納兩個小帳篷的空地，下車後一群人沒有人有閒環顧四周，也還來不及呼吸這片森林的味道，反而趕緊從車裡抽出帳篷，用飛快接近慌忙的速度來組裝。野營旅行並不浪漫並不輕鬆，尤其在花了很多冤枉時間、走了很多冤枉路之後，我們還是回到生存的本能，此刻生命的第一要務就是：趕快煮好晚餐安撫一下快把喉嚨叫破的肚子！幸好，我們有志一同！

一款手機 APP，標有澳洲全國各處可供露營之地點，清楚列出所有營地屬性包括安全性、衛浴設備、熱水沖澡設備、料理台，甚至是觀星指數與觀察野外動物指數，並且有網友評價，方便好用。

野營第一晚

蹲在滿是乾枝枯葉的帳篷外，我瞟了一眼站在正上方三公尺樹梢上嗚嗚叫的貓頭鷹，看牠在黑暗中的明亮雙眼顯得有神而銳利，像是巡視著闖進牠生活範圍的人類。我一邊用桶裝水刷牙洗臉一邊回想，在餓了六個小時後，平時幾乎不吃泡麵的我，不可思議地覺得在這輩子最特殊的環境下吃了最好吃的一餐泡麵。

旅行中，困難的當下從來不是感到困難，反而是必須即刻動腦解決的忙碌，其中有任何感到美好的時刻，就會將它大肆讚頌為幸福，例如貓頭鷹或泡麵。當這趟旅行成為回憶時，那些幸福感並不會消逝，倒是那些重重困難，卻變成令人會心一笑的充實。旅行給你的不是思考的時間，是重新看待生活的可能。

在澳洲生活大約一週的時間，如果要說具體的改變，不得不承認是「每天喝紅酒」。澳洲紅酒價格比台灣便宜很多（幾乎各種酒類都是），大約台幣兩三百元就能買到很順口香甜的紅酒了。露營時的我們為了暖身，每天晚上固定小酌。這個小酌讓我們聊到天南地北，直到滿夜星空。

我曾經天天都有機會看著滿天星斗，整片夜空像是撒上亮粉般閃閃發光，天氣好的時候還能看見由較為細小的光點組成的銀河帶。我永遠無法忘記每天抬頭數星星的日子，似乎是我在那段時光裡唯一感到開心的時刻。那片星空在東引，位於馬祖東北方的一座小島，是我當兵的地方。

在那座島上服兵役的人都是兩三個月才放假回家一次，通常學長會建議第一

次放假前待久一點，因為回過台灣就越感部隊的日子難熬。記得我第一次放假前在島上待了十一個星期，那是一個又悶熱又漫長的夏天。當我度過第一個月時，所有的好奇心已經用完，我找不到任何支撐自己快樂過日子的理由。記得有天晚上，我和弟兄們從辦公室走回寢室的戶外球場，抬頭一看，滿滿的星星在天空中閃爍，那些閃爍非常清晰，一顆接著一顆令人目不暇給，是我二十幾年來看過星星最密集的星空，還記得當我抬頭時，情不自禁地發出了「哇……」的一聲。我們幾個人呆在球場上，仰著脖子站了好幾分鐘，突然有流星劃過，大家連忙許願，不知道為什麼，大家很有默契地都把願望說出來：「希望我趕快退伍離開這個地方吧！」邊說邊哈哈大笑。

從那天起，我們走回寢室的時候，幾乎是仰著頭走路的，即使每天都有滿天星星，每天都有銀河帶，每天都有流星，我們每次看見依然樂此不疲，因為那是我們心目中，困難生活的最大幸福，更是我們回憶裡，苦悶心情的最大快樂。

躺在帳篷裡說完這個故事的時候我也快要睡著，但這樣分享故事的日子，很奇妙地，在這趟旅程中只有在露營時才會發生，兩個挨在一起的帳篷，打開小小的窗戶（像紗窗一樣的拉鍊設計），大家半闔著眼縮在毛毯裡說著故事，在各種故事裡找到各自過往的精采，就算累了一整天，我們還是要繼續聽、繼續說，因為我們還在創造新的故事。

我們從沒有過和大地這般親密，每一根細枝、每一片枯葉，即使鋪了地墊，翻個身都仍能感受到地面的軟硬起伏。我們從沒有如此進入自然環境，每一聲蟲鳴鳥叫，每一聲風吹，都成為我們的床邊故事。我們就在這樣的地方，睡著了。

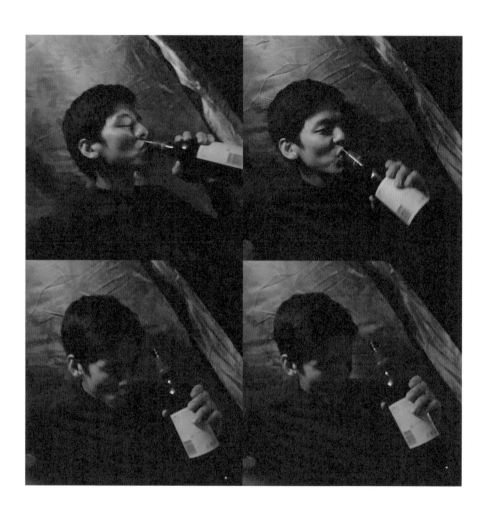

清晨

「正在帳篷裡半睡半醒的我，輕輕地翻了個身，頭頂忽然感到一陣寒氣，我下意識拉起拿來當棉被蓋的厚外套到頭上，手掌碰到了帳篷內緣，竟然是一層又冰又細的小水珠，冷得我嚇了一跳；於是我再翻一個身，這次換臉頰碰到帳篷，連頭髮也濕了一大片。我摸摸自己的頭髮和臉頰，又睏又冷的我感到煩躁又無能為力。我拉不動我的毛毯，它被壓在睡在我身旁的攝影師 S 身上（這件事他可能要讀到這裡才會知道），如果我把毛毯一抽，一定會驚醒他。」這是凌晨三點五十分，第一個在帳篷裡醒來的「早晨」。

帳篷外傳來此起彼落的鳥叫與振翅聲，遠方草叢甚至傳出像是小型動物穿梭雜草的腳步聲，我努力不管這些聲音的干擾，努力不在乎濕了一大半的頭髮，但我就是醒來了。我向雙手呵氣為自己取暖，想盡辦法將全身縮成一團以便被外套完全覆蓋，但我就是沒有睡意了。我拿起手機，開始滑著台灣的今日新聞，沒想到有時差的台灣，新聞還是昨天的啊！我心裡開始冒出莫名的起床氣，就在這個既睡不著，又想繼續賴床的清晨時刻，一絲光線開始透進鮮豔的帳篷，簡直像一個驚喜！於是我帶著興奮的心情「慢慢地」坐起來（以免碰濕身體或驚醒室友），決定走出帳篷看日出。

走出去後才真正看見我們紮營的公園全貌，草皮非常健康茂盛，走起來像是走在地毯上一樣柔軟，樹木不多但很高大，而且枝頭上滿滿的站著早起的鳥兒！我深深吸一口氣，混雜著濃厚草味的濕潤空氣，寒冷卻暢通了我的身體和腦袋。在太陽還沒完全升起之前——傳說中的魔幻時刻，天空已然映著粉橘色和黃色的漸層，所有風景就像是剪影一樣，我到處散步到處拍照，恨不得把一整片公園景象印在腦海中。這裡寒冷的程度，就像它美麗的程度一樣，

於是我在日出之前，一邊深蹲一邊等著太陽，形成一幅很違和的畫面。

終於，太陽漸漸探出頭，很幸運的是，東邊沒有群山遮擋，陽光照進公園的角度斜得像電影打光，於是我趕緊站到陽光底下，享受我在澳洲見到的第一道日出，我瞇著眼看著遠方的草原，似乎還有好幾個露營區，不知道有沒有人跟我一樣正在看著同一個方向。漸漸地，身體總算開始不那麼冷，我轉過身去曬曬背後、曬曬脖子，和自己玩影子遊戲，身體果真暖起來了。我突然很慶幸自己在天亮之前就醒過來，感覺今天早上也沒那麼糟糕，被冷醒的起床氣早就已經隨著溫暖的陽光蒸發了。

魔幻時刻（magic hour）指的是每天日出太陽升起前或日落太陽西下後，天空將要全亮或尚未全暗之時。太陽在此時照耀出顏色最璀璨豐富的雲彩，影像創作者尤其喜歡捕捉這時候的天空，但這段時間總是不長，於是稱之為「魔幻時刻」。看著日出時，我一直在想，這些聲音、空氣、環境、人、顏色、花草樹木，對我來說是多麼陌生卻又如此親切，如此靠近卻又即將遠離，一種真正「魔幻」的感受。這道美麗的曙光就像是我最魔幻的禮物，我會一直記得今天早上，永遠能與人分享，卻誰也拿不走。

車上

一千多公里的路程還在行駛中，或許是帶著睡眠不足的腦袋，讓窗外的景色看來不如一開始看到那樣千變萬化，在後座的我總是睡得昏昏沉沉。在車上睡覺我有豐富的經驗，也有一種特殊的親密感，我總是習慣在角落縮成一團，像是探入一個黑暗深處般的進入睡眠。

記憶中，眼睛半闔之際，我總是看著父親把車子停靠在路邊，從後車廂拿出體積比我大的條狀枕頭，放在後座踏腳處。車子繼續開，我躺在離地面最近的低處，向上的視野一片漆黑，只有儀錶板方向透著淡淡的橙色光，引擎的低鳴聲和冷氣口吹出玉蘭花的香甜氣味陪我入睡。四歲的我知道，今晚跟全家一起睡，會睡得很好！

從幼稚園以來，每到假日父親總開著車帶著我們全家出去玩。一台小客車坐著四個人再擺著一堆零食玩具剛剛好，幾乎全台灣都有我們的足跡。很多時候我只記得我在車上熟睡，隔天就在飯店的床鋪上醒來，在爸爸的車上睡著沒有一點不適，反而是種玩到睡著的放縱開心。

當我們漸漸長大，家人能夠如此開車出遊只在寒暑假，但隨著身體長高長壯，那個條狀的大枕頭已不再適用，即使沒有帶著太多的玩具放在座位上，我和哥哥累了只能夠是靠著後座門窗睡著。

國二那年的寒假，全家人在年節來到南部出遊，某天早上似乎大家都貪懶地睡晚了，導致當天到達預計的遊樂園已經是下午。於是我們沒有進入遊樂園區，只在附近花園參觀幾圈。就在某一個角落，爸爸幫我和媽媽、哥哥拍照，

拍完又要換個角度拍。

我低聲嘟囔：「這樣拍不是同一張照片嗎？」

媽媽勾上我的手臂說：「多拍一些啊，以後你們就是和朋友一起出去玩了。」

聽到這句話，當下的我只覺得疑惑，我從來就以為和家人旅行是一輩子理所當然，說到要和朋友出遠門，我既無法想像，也不覺得能輕易達成。

已經有好幾年沒有和全家人一起出國，也有好幾年沒有全家開著車到處旅行。現在的我開始和朋友們說走就走的展開旅行，寫著關於朋友們的故事，說著和朋友們創造的話題，但媽媽說的那句話還是時常在我的腦海迴盪，包括在這趟公路旅行的途中，每當我看著夕陽西下的公路風景，看著車子裡這群和我嘻笑玩鬧的好朋友們，我總是會想起我們全家四個人一台車的出遊，爸爸總是能邊開車邊跟我們說故事，媽媽總是可以變出各式各樣的零食和水果，哥哥和我只要負責玩，玩累了就睡覺。我一直懷念著那個時光，全家四個人一台車一起行動，聊著關於學校的種種趣事，玩著各種猜謎遊戲，一起在車上度過的，漫長又親密的時光。

大自然

之所以想在澳洲旅行中加入露營行程，是因為我對原始環境的好奇。據W和H的描述，幾個月前他們的露營之旅就是不斷開車，遇到想要停下的美景就下車散步，天黑了就找個營地野炊搭帳篷。這簡直是我夢寐以求的旅行，像是公路電影般的一路流浪，在一望無際的荒漠中只有一條公路，一台破爛的小客車像是流浪一樣，孤獨的行駛在這片原野，看似寂寞，車子裡卻是歡樂吵鬧的一群人。通常這樣的電影裡會有一個像是天堂般的夢境之地，不論去到哪裡，它們的美好總是來自和期望裡的不一樣，大地給予的各種驚喜場景。

我曾經在「蘭嶼」有過某種的奇妙感受。

因為拍戲住在蘭嶼，角色像我一樣是觀光客，我們都在旅行當中漸漸認識蘭嶼。蘭嶼人靠海維生，在島上和所有動物共存榮。馬路上時常能看見羊群、豬隻在散步，當地人碰到動物就繞道而行，不因此捕殺。在山壁和淺灘邊，也時常能看見成群的山羊很愜意地覓食或漫步。當我們吃著飛魚卵香腸或烤飛魚的時候，當地人也說，他們從不捕完所有的飛魚，甚至會自主性的限量捕撈，讓其中一部分的飛魚游回海裡，讓牠們不會陷入生態危機。這些觀念讓我非常震驚卻又慚愧，曾幾何時我們已經漸漸忘記了地球最原始的樣貌，我們都只是共同生存在地球上的一員而已。這是我去蘭嶼前想都沒想過會遇見的景象，即使過了好幾年，我依然記得在那座小小的島嶼上，人類是如何美好的和他們的環境共存。

露營的第三晚，我們選擇了一個「五顆星」評價的營地。這個位在山上的營地，山路寬度竟然只能容納一台車子。沿著又陡又窄的山路，拐了無數的彎，

爬了無數的坡，我們終於在一棵棵聳入天際的瘦長樹林中，找到一片沒有很大的空地。除了這個營地有烹飪台，從這裡的公廁和環境，我們實在很難體會它的「五星級」。本來有些後悔來到這個不怎麼樣的營地，甚至萌生離開的念頭，但礙於這裡實在太過深山，我們沒有多餘時間尋找新的地方，而且這個夜晚還下著不小的雨，整個晚上雨從沒停過，雨水淋濕了土壤，也將我們困在這片山林。於是我們在一片漆黑中，迅速地找了一塊小小的空地搭起帳篷，匆忙地著手備料煮晚餐。

正當我們一面啜飲著紅酒，一面燉煮著卡式爐上的咖哩雞時，附近竟然不斷傳出小型動物的腳步聲，我們豎起耳朵仔細聽，那忽快忽慢的節奏，像是牠們在周圍觀察著我們。那些聲音窸窸窣窣爬上樹幹穿過樹葉，又跳到布滿枯枝落葉的濕土，果然沒過多久就爬到我們眼前。一群我從沒見過的動物，像大上一倍的松鼠，炯炯有神的雙眼在黑暗中發光，緊盯著我們桌上的食材。我們用剩下的馬鈴薯和紅蘿蔔餵食，發現牠們很不怕生，乖巧的在我們面前吃下一塊又一塊。後來我們才知道這種動物叫做袋貂，最有趣的是牠們也有尊卑之別，三隻袋貂中，其中一隻進食時永遠不會被打擾，另外有一隻總是沒辦法搶到食物。就在我們漸漸吃飽的時候，牠們也滿足地離開了。

雖然我已經習慣了戴著帽子睡覺，起床後再也不會被帳篷裡的水珠弄得一片濕，但隔天一早一樣是又濕又冷的天氣。當我起床時 S 的身邊竟然有隻吸飽了血，像小指一樣粗的水蛭！雖然被水蛭咬不會很痛，卻讓 S 感到很困擾。我們一邊在水蛭上灑鹽，一邊疑惑這隻水蛭是怎麼進到被拉鍊密封的帳篷裡。這時候帳篷外突然傳來 W 的驚呼聲，但這個驚呼聲又像是壓低了聲音所發出的氣音，我探出頭一看，W 身邊竟然站著一隻小袋鼠！那隻小袋鼠只有不到一公尺高，育兒袋裡好像還有一隻沒有探出頭的袋鼠寶寶，我們把預計當作早餐的蘋果一口一口咬下來分給牠吃，這位袋鼠媽媽似乎很習慣人類的圍繞，在牠認真吃著蘋果的時候，我們摸摸牠、和牠拍照，牠卻一點也不覺

得奇怪，一點防衛感也沒有。我們就這樣度過了早餐的時光，雖然已經忘記到底吃了些什麼，但我一直記得陪著我們一起吃早餐的，是一對袋鼠母子。

下山的時候我們在車子上興高采烈地討論著這個營地帶給我們的驚奇，在一片森林中和動物如此親近，是我們從沒有過的「五星級」體驗。當我冒出「牠們為什麼會這麼不怕人？」的想法時，我突然覺得有種說不出的奇怪，是不是我們所接觸到的動物都因為人類的存在而無法自由自在，是不是大部分的動物都被人類傷害過。而事實上，我們和牠們一樣只是在這座山裡生活著的生命，我們都只是這片森林的一員，我們都希望能夠快樂安穩地活著，甚至整個地球的生命都是如此。我們從來不應該把自己擺在比較高的位置，更不應該把這個世界的美好獨占，因為一切的美好，都不會是理所當然。

這段和動物們如此親近的時光是野營行程的尾聲，我從沒有想過能有如此的體驗，或許我因為想要尋找兒時回憶而選擇待在車上的公路旅行，因為想要生活在大自然裡而選擇在野外睡帳篷，但我從來沒有想過我們有機會和野生動物那麼親密而自然的共存在一個環境當中，這是牠們的快樂天堂，也是我們沒想像過的夢境之地。

不可思議的理所當然

我總是喜歡在旅行中挑戰自己的極限，說是極限也未必是指我怕高就要去高空彈跳，或是去吃一些我平常不敢吃的昆蟲料理，而是經歷一種「從來沒有的生活狀態」，探索生命與生活的可能性。

當自己有了幾年的演戲經驗以後，才漸漸知道為什麼很多人說「生活經歷是最好的表演課」，當你有了和別人不同的生活方式，和別人不同的觀點，你就能看到事物不同的深度，感受到各種心態，而表演出不同的樣貌。這也是為什麼一個擁有豐富人生閱歷的人，總是散發強大的魅力。因為他們總能夠感同身受，他們總能夠設身處地，他們總會在同樣的情境裡告訴你一個他曾經發生，卻比你更戲劇化的故事，並且淡然地說一句：「我懂。」

在公路之旅展開前，我所想像的露營是很浪漫的，晚上生個營火，在火堆旁喝酒跳舞唱歌，悠閒地吃著烤雞翅和棉花糖，晚上累了就回到露營車上洗澡，最後睡在溫暖的被毯裡。

當然，事情不會都這麼順利，就如同前幾篇提到的。

公路旅行時，我們有大多數的時間在開車，嚴格說起來，是有大多數時間在趕車。趕車時後座的人很無聊，只能看著窗外千篇一律的風景，擠在一個狹小的空間不是睡覺就是吃東西，沒什麼事情可以做。但前座的人更辛苦，駕駛需要高度專注地開車，副駕要不斷看著導航和地圖確認路線。但也因為我們四個人共同關在這狹小的空間，我們可以很放鬆地交談，我們可以分享所有食物飲料，甚至分享在旅程中的祕密心事，即使本來沒有很

熟的朋友，也會在大家漸漸地突破自己的尺度時，進展到對彼此的人生有所認識。

有些尺度是很生活化的，例如我們露營的前兩天沒辦法洗澡，大家忙著趕路忙著煮飯，忙著搭帳拆帳又收帳，狼狽一整天卻找不到能夠好好洗澡的地方。如果在都市裡，或是在家裡，沒有洗澡並不是太大不了的事，但睡在野外，奔忙一整天，卻又無法洗澡，就是件不可思議的事。當然，在 wikicamp 的帶領下，我們又找到了免費洗熱水澡的浴室。

當我們習慣了一兩天不洗澡，
當我們習慣了躺在跟土壤這麼靠近的地上，
當我們習慣閉上眼睛就有動物的鳴叫，
當我們總是睡在公路邊，
一覺醒來就在土地上煮飯，
所有從前覺得不可思議的行為，
就在這次旅行經驗中成為理所當然。

而這些理所當然，就是我們因旅行而突破的尺度，
我享受這些突破，享受在我的人生不斷經歷新鮮事物，
因為旅行而經歷「從來沒有的生活狀態」。

我們的故事

旅行戲男孩

我是從演戲後開始大量旅行，也是從角色身上感受旅行的。

曾經演出幾個角色，都和旅行有密切的關係，他們可能有著旅行的夢想，或是為各種原因踏上旅程，甚至在旅行當中有著深刻體會，從男孩成長為男人。我曾經搞笑地把自己封為「旅行系男孩」，嚴格說起來應該是旅行「戲」男孩，因為在那些電影裡，我不是一直在想著要出發，就是在旅行的路上。我開始隨著角色尋找自己的夢想之境，開始為旅行找理由，開始在旅程中看見角色的內心世界，也認識各種面向的自己。

旅行在電影裡面往往象徵著美好而未知的未來，或是療癒或是蛻變，所有人都期待一場旅行能帶給自己無限的可能。

或許因為我理解那些我飾演過的男孩，所以在旅行的某些時刻會突然想起他們，常常會有這種 OS「啊，原來當時他是這樣的感覺！」這些角色會默默待在心靈的角落，時不時地被喚醒，有些演員會說角色會永遠住在自己的心裡，但我的感覺是：現在的我，是經歷過那些角色而形成的我，如果沒有經過某一個角色，我可能會是另一個樣子。我希望能夠留下每一個角色的美好，理解每一個角色的陰暗，每經過一部戲都會讓我改變一些，那些改變不一定是立竿見影，而是在某一個時刻突然驚覺，原來「他」是這樣子存在我的身體裡面。

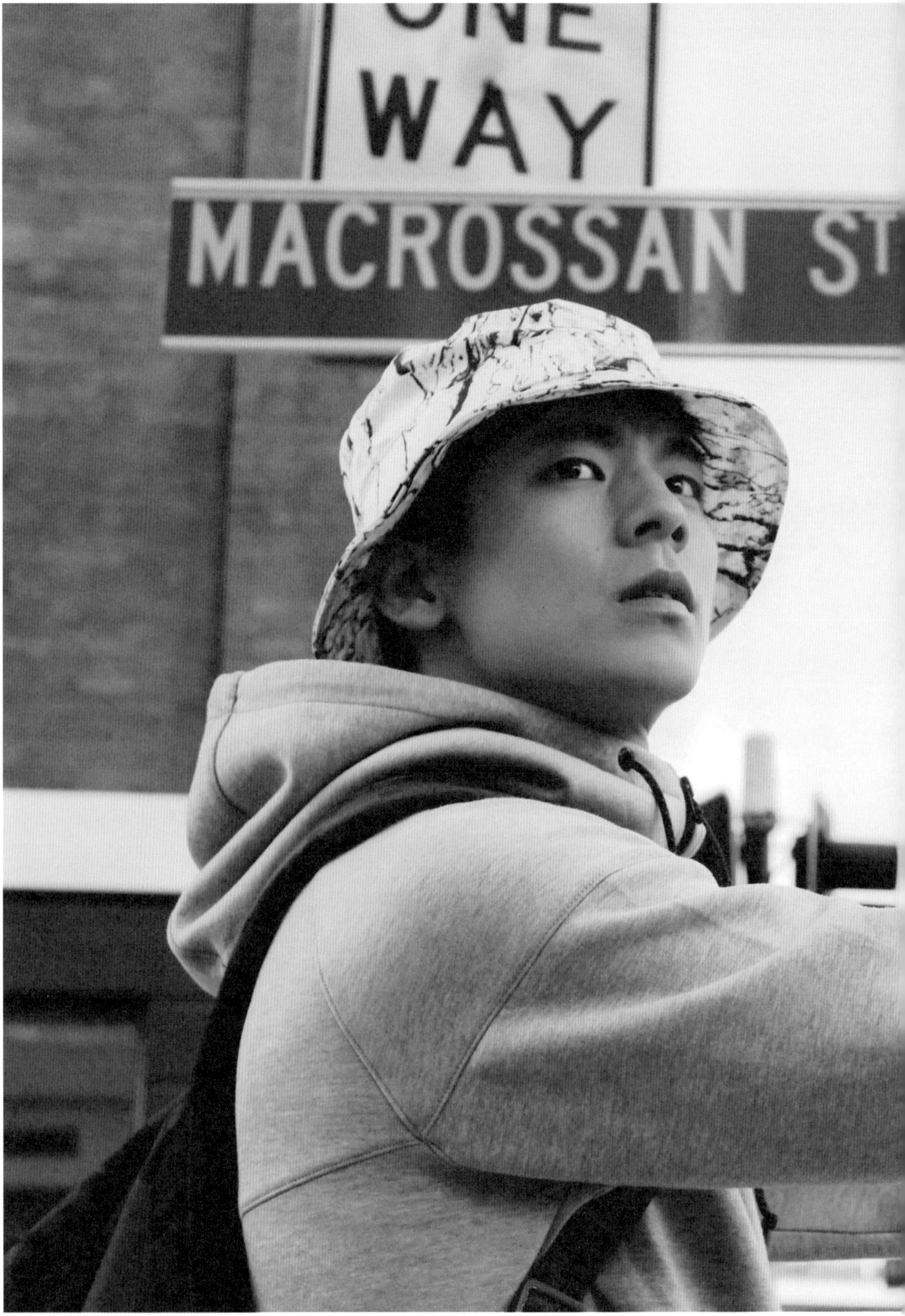
ONE
WAY
MACROSSAN ST

我感謝那些帶著我浪跡天涯的角色們，
也感謝願意相信我的導演們，
讓我用不同的觀點去看見不同的故事。
有人說，
每部電影都是一段旅程，
或許是因為這樣我才那麼熱愛電影，
也讓我深信不疑，
每趟旅程都可以是一部電影。

表演的起點

走進雪梨市中心的聖瑪莉大教堂，讓我想起阿賢。

阿賢的全名叫做許亦賢，住在海邊的漁村小鎮，喜歡文學、熱愛電影，總是收集著世界各國的奇人軼事，想像著在世界的某個角落發生的故事，相信各種人存在的可能。這是我的人生飾演的第一個角色，在電影《帶我去遠方》裡。

阿賢帶著一個來自日本的背包客到鎮上的天主堂，那間教堂並不特別華麗，卻有著一幅東方式的「最後的晚餐」。阿賢看著背包客在教堂裡大開眼界的樣子，羨慕他能夠到處旅行，也同時欣賞他自在率性的氣質，這間教堂是他們的邂逅之地。背包客細數著他所去過的國家，讓阿賢除了欣賞，更是愛慕。六年後的阿賢有一個男朋友，他的夢想是和男朋友在紐約生活，在一個最能自由自在活著的地方。

此時的我已經距離那個扮演阿賢的我有八年之久，但說起他的生活與心情狀態卻像是說起某一部分的自己那樣深刻而清晰。然而阿賢的故事與我的人生天差地遠，就連我第一次看到電影裡頭進入角色的自己時，因為總是出現我從未見過的表情，從未表達的情緒，我甚至不認識自己了！這個角色的形成，也是我形成演員的過程。在此之前，我幾乎不讀課外書，幾乎沒有在書本上得到過任何樂趣；而電影更是只看血腥暴力片、喜劇片、動作片（或稱爽片），我因為這個角色開始看了大量的電影，閱讀所有這個角色可能會讀的書籍。在準備角色一年的時間裡，這些電影和文字開啟了我的想像力，開啟了我對世界的認識，相信「人」的存在有各種面貌，相

信感情的狀態有各種複雜的可能，除了幫助我接近阿賢，也幫助我理解身為演員該如何靠近角色。

我一直非常感謝耐心帶領所有演員一起向前的導演，也感謝那段時間心無旁騖的自己，那也是我們對於電影共同經歷的第一次，因為全心投入而美好。這份對於電影與表演的美好，深深的影響日後的我，每當想起自己的第一步，我總是慶幸踏得扎實又穩健，讓我渴望成為一名真正的演員，藉以表達我的所有感受，甚至是對這個世界的看法。

我開始對這個世界充滿各種好奇，開始想要了解這個世界更多的故事，於是我觀看更多電影，閱讀更多書籍，好像每看過一篇故事，就多理解這個廣大世界的某一個角落，就更靠近這個世界一些。而我心中卻一直記得那位背包客，我希望，我能像他一樣，親眼見到這個世界，親身體會這個世界。

我對旅行的渴望，似乎就是從這個時候開始，期待自己在旅行當中能夠接觸更多的事物，開啟對世界新的觀點，挑戰各種極限，接受各種感官刺激，並且在旅行中，拓寬自己成為任何一個角色的可能性。

在偌大的聖瑪莉教堂裡，
我隨意選擇一張長凳坐下，
聽著這個空間裡所有人的輕聲細語，
我閉上眼睛彷彿回到 2008 年的夏天《帶我去遠方》開拍的第一天，
那個早晨開始，人生第一個以「演員」身分活著的日子，
整座天主堂鴉雀無聲，現場所有人兢兢業業，
想像著這位毫無經驗的的男演員即將如何詮釋他的第一場戲。

我放慢腳步，沉住呼吸，
安安靜靜地走進教堂角落那間只有一張椅子寬的告解室，
準備演出阿賢人生裡最悲痛的一次哭泣。

出發的各種理由

「如果我走你走過的路，讀你讀過的書，煮著你愛吃的菜，是不是就會看見你？如果我回到同樣時間，回到同樣的地方，看著當時的風景，我們是不是就會回到過去？」因此我出發。

《到不了的地方》是一趟因為思念而出發的旅行，我所飾演的李銘藉著踏上父親小時候帶全家去旅行的路線，療癒父親過世帶給他的重大傷痛。當他越想忘記那份痛苦，卻越感到父親的精神如影隨形。隨著旅行的過程，他才理解面對痛苦唯有放開雙手，才能夠擁抱新的人生。

電影是永恆的，現在的我咀嚼這個故事和當時有很大的不同，不變的是，我仍然為戲中的父子情誼感動不已。在傳統的東方社會，父親與兒子之間既緊密又疏離的關係。父親永遠希望維護自己的尊嚴，在各種方面教導並傳承給下一代，永遠期待兒子超越自己；兒子則一輩子想證明自己能超越父親，但當他發現父親不如自己時，失落感卻遠遠超越成就感。不論是用旅行，或是用一道道的菜，李銘都是想要到達那個他從未抵達的境地——父親的心。這趟旅程，就是為了父親而出發。

在此之前，旅行對我來說只是一件單純的事，我從來沒想過在旅行中療傷，更沒有期待在旅行中能釋放生命中的糾結。但我漸漸相信，原來踏上旅程有各種理由，因為風景滿載著關於人的各種回憶，附加著血濃於水的深厚情感。

旅行的意義是什麼？我相信許多人和我一樣一直在思考這個問題。我的確一直在尋找，但我從來不在旅行時思考這個問題。旅行美好的狀態在於當下，所有痛苦快樂悲傷興奮焦慮或期待，都只是為了當下而存在，也唯有享受當下，才能真正感受一切。我在旅行時只尋找快樂，任何想做的事就去做，從不為自己設限，從不思考後果，因為下一次再來到此處可能就人事已非或心有餘而力不足了。舉例來說，這趟澳洲之行某一部分從未體驗的極致就是我們每天都在喝紅酒，酒精讓大家既放鬆又熱鬧，於是就多了很多意想不到，我們開始跟當地人搭訕聊天、我們在帳棚裡唱著自創的歌，甚至是在大街上像沒有路人一樣的跳舞。現在回想這些行為確實覺得荒謬又害羞，但我卻很清楚我當下是那樣自由自在。

「我會永遠記得那時候的自由放縱，內心前所未有的肆無忌憚。」這是我此刻想到的意義。旅行的意義就像在海中央丟下一塊小碎石，或許它隨著海浪漂來漂去，或許隨著漁夫被捕撈進網，但有一天它終究會停下來，沉入海底、停在沙灘。意義總是事後才會沉澱，甚至是出其不意的浮現。

旅行可以有一百種出發的理由，
我們為各種理由出發，但不為任何結果出發，
我們期待在旅行中的各種可能，
但不強求有任何事情必須發生，
我們不為了尋找意義而錯過風景，
而是希望它在我們漫長的人生旅途上開出一條條的岔路，
為封閉而規律的生活帶來一點點簡單的轉變，
那就足夠。

陌生人們教我的事

「因為在原來的生活中，我總是被某件事情絆住，我期待這場旅行能給我一些改變，我相信在世界的某個角落，一定有適合我的棲身之處。」《缺角一族》林稻風。

五歲那年，稻風因為說錯了一句話而讓重病的爺爺氣到一命嗚呼，爸爸給他一巴掌並告誡他「從此以後，回答問題前先思考五秒」。這五秒鐘的思考是他回答問題的緩衝，卻成為他與人交往最深刻的阻礙。他為了改變自己，展開一場「搭便車的旅行」，期待自己在與不同的司機聊天中建立自信，「治癒」那五秒鐘的缺角。

經過和每個人單獨相處與對話，他發現大家就像他一樣，心中各自有缺憾，並試著在一成不變的生活中，尋找彌補缺憾的契機。熱心助人的稻風，決定開始一一幫助這群他遇見的人們，在幫助他們彌補那些人生缺角的過程中，他竟得到前所未有的滿足。他漸漸理解，人與人的關係雖然總是令人困擾得像馬拉巴栗樹交纏在一起，但只要我們勇敢去面對，總會有解開的一天。就像他心中那五秒鐘的糾結，也在他真正敞開心胸去傾訴、去面對後逐漸解開。

這趟旅行為稻風的人生解套，這是他踏上旅程之前未曾想像的。他想以旅行改變自己，卻選擇先幫助他人；他傾心盡力彌補他人的缺角，卻讓大家互相圓滿。他們心中只想著給予，卻因此得到最多。

為了某個目的旅行，經常不會按照原來的安排而走，不會按照我們的想像而發生，但總是能帶著我們走向另外一條路，帶給我們出乎意料的驚喜！

在這趟澳洲旅行中，那些看似困難看似阻礙的事件，總是給我們更好的結果。若不是我們必須四個人擠一台小車，我們不會有這麼多的時間認識彼此；若不是我們延遲一天才租到車子，我們不會在露營時遇見這麼好的天氣；若不是我們在野營地清晨總是睡不著，我們不會見到各式各樣日出的樣貌。圓滿都在不知不覺中，唯有享受當下，相信當下，我們方能看見最好的安排。

明信片

第一次收到的明信片,是小姑姑從美國寄來的明信片,印象中她向我們全家人報了平安,也祝我們聖誕快樂,當時的我想起許久不見的她,突然覺得手上這張卡片讓我們之間距離變得好近,好奇妙,也好重要,當時的我,只有五歲。

二十二歲那年，有將近三週的時間在上海拍戲，是我第一次離開台灣這麼久的時間。第一次在這麼陌生的環境工作，也是第一次演出時代劇，更是第一次在快被凍僵的天氣裡，口吐白煙仍要繼續說著台詞。當時的我，只想著和來自兩岸三地的優秀演員和劇作合作，拚了命的想從他們身上學到更多，殊不知環境給我的衝擊更加強大，提醒我無論處在多麼惡劣的環境中都不能分心。

我好想和人分享這些感受，於是我第一次動手寫了明信片。希望在台灣的家人朋友們，能接收到我在感受最強烈的當下所寫出來的文字。

從上海回來幾個月後我就入伍，入伍的最後一站來到東引。在東引島上的每個軍人都是每隔兩到三個月才能回台灣休假兩週，這兩到三個月總是在身心靈上出現各式各樣奇妙的變化，一開始驚慌失措，再來逐漸適應，而後枯燥乏味，接著自我修復提振精神，然後又再度感到厭煩，最可怕的是，這個時候距離回家時間可能還有兩個月。於是再次經歷自我修復，再次陷入沮喪憂鬱，幾次循環以後才能真正享受休假回家的滋味。然而，一旦回台灣享受過休假，在島上的狀態就會快速地跳到厭煩期，思鄉情更深。

直到退伍前三天，我都無法相信自己是怎麼堅強的度過這大半年，於是我動筆寫起明信片，將這一年來各種內心小劇場和家人朋友們分享，像是為自己整理這段時間的心情思緒，也像是和這個讓我又愛又恨的小島好好告別。

從此以後，每到一個地方旅行，我就會習慣寫明信片，是分享快樂的感受，也是分享異地的氛圍。有時候我也會寫明信片給自己，把旅行中最秘密的故事告訴自己，在和自己的對話當中，記錄自己最真實的狀態。用手寫文字和他人的互動，是我永遠會喜歡的方式，每一筆一畫都是心情，而這趟澳洲行，我也在接近尾聲時，寫了幾張明信片給支持我的觀眾朋友，雖然素未謀面，但依然能夠分享旅行的心得，希望藉由這些短短的文字，鼓勵更多人展開冒險。

明信片們會帶著當地的氣味，確實的飛躍不同的國度，連接自己和朋友們。當朋友們收到以後也會清楚感受，這趟旅程中的某段時間，我什麼都沒做，只是用來和你說話，這張明信片是我的旅行的一部分；你，也是我旅行的一部分。

二十四小時的相處

一直以來，我總是很習慣自己一個人。倒不是特別喜歡獨處，只是很習慣、很需要，並不慌張害怕。小學三年級以前，有很長一段時間，我放學自己從台北市回到三重的家，自己準備午餐，自己寫功課，我總是因為害怕而開著電視寫功課，但久了以後就成為固定模式。那時候從沒有因此緊張，反而是自在開心。我想我是在那個時候開始感受到「自由」這回事吧！

因為爸媽工作的關係，國中和高中時期，放學後我有時會獨自待在家裡，那時候我好像漸漸喜歡上獨處。和家人在一起時我不會感到不自在，但當我一個人的時候我卻非常享受，甚至很需要有獨處的時間。後來我才知道，「獨處」原來不是每個人都能享受其中。

一個人的時候有很多事情可以做，讀書、玩遊戲、看電影，幾乎任何事情我都能夠習慣自己一個人，而其中我最擅長的是與自己的對話。這樣說起來似乎很奇怪，但我從小就喜歡一個人躲在家裡的角落，和自己上演各式各樣的戲碼，有時候是扮演在和自己對話的老師，有時候是在向自己說明對某件事情的看法，甚至時常在走路時扮演兩個立場相反的人各為自己在據理力爭（可能會嚇到很多路人）。這個持續到現在的習慣，我也曾經和身邊許多人分享，大多數人無法理解，有些人會認同，但知道我有這個習慣的人，就了解我為何可以總是一個人。

我一直期待自己一個人的旅行，只為自己開心而走，只為自己喜歡而停留，但目前為止還沒有真正實現過。所以每一趟旅行對我來說總會有件特別緊張的事，那就是要和身邊的人相處二十四小時。

不是沒有過這樣的經驗，當兵時和同班的鄰兵就是。和我同一個辦公室的同梯弟兄們和我分配在同一個班、同一間寢室、甚至睡在隔壁床，每天早上起床，我們一起點名，一起在同桌吃飯，一起去辦公室，一起運動，一起去洗澡，三四個人所有行程都被安排在一起。我是某一天突然意識到這件事情的，當下我竟然覺得毛骨悚然，為什麼我會有這種強烈的窒息感呢？明明我們幾個混在一起時總是嘻嘻哈哈非常快樂！終於，星期天島休日 [1]來了！我們各自安排不同的行程，有的人選擇去網咖泡一整天，有人去圖書館，有人就待在部隊看電視運動。我已經忘記我有沒有在那一天感到特別放鬆？我只記得隔天當大家又開始一連串共同的行程時，那股窒息感消失了。

澳洲之行的同伴裡，我和 H 是認識十五年的兄弟，和 H 的女友 W 認識兩年，和 S 認識三個月，除了和 H，另外兩位朋友我都是第一次和他們一起旅行（而且攝影師 S 和 H 與 W 是因為這趟旅行才認識）。和他們出發前我有些緊張，不知道這群人適不適合一起旅行？但我也知道，即使我可能產生再多的不自在，都比不上他們之間的不熟悉。

和他們相處的兩週，有些時候自己像是變了一個人，變成一個和獨處時的
自己不一樣的人。原本懶散的我，總是習慣累積一堆家事後再開始一次打
掃整理，因為和大家同住開始主動為大家服務；平時一個人做事急躁的我，
也因為和大家同行，也學會在所有事情中放慢腳步，不堅持個人所需。這
樣的改變不只發生在我身上，雖然我不確定所有人獨處的時候是什麼樣的
性格，但是當旅行時間漸漸過去，我們越來越少出現意見不合的時候，也
少有「怕得罪對方而遲遲不做決定」的時候，反而是越來越多的溝通，快
速達成共識，默契出奇的好。

一個人的時候可以有稜有角，一群人的相處則需要大量的磨合，一群人的

旅行更是在人性上艱鉅的任務，本來很需要獨處的我，討厭被任何事物綑綁，但那十五天的綑綁，卻帶給我前所未有的體會。我很感謝這群一起旅行的朋友，我們都收起了一部分的自己，在心裡多為對方設想，這旅行中偶有不自在的時刻，但我們相互體諒包容，反而開始享受起群體生活的狀態，沒有誰因此失去自由，而是共同的在追求自由。

1　東引島的軍人每週日固定為休假日，休假日時仍須穿著軍服，並且不得離開東引島。

旅伴們

旅途中最美的風景總是人，一群人的旅行，也會由那群人的性格組合來決定旅行的風格。所以即使是同一個地方，自己去或和不同的朋友去，每次都是不同感受。

在布里斯本和雪梨，平日晚上八點後幾乎沒有任何娛樂場所，這時候我們就會被H拉去賭場，我第一個晚上（沒記錯的話應該是生平第一次和朋友走進賭場）就贏了三百多澳幣（將近七千元台幣）。記得我走進賭場前一路的寒風讓我手腳冰冷，因為越贏錢越興奮，走出來時連外套都不必穿了。而從第二次開始，我總是像第一天一樣，給自己五十元的澳幣，設好停損點，輸光就回家，但似乎從那天之後就再也沒贏過錢了。看著下每一把注都小心翼翼的我，H搭著我的肩說：「兄弟，我們是來『賭』錢的，不是來『贏』錢的！」

H在賭博上敢衝敢玩的個性，讓他這幾次在賭場裡贏了一兩萬塊，而我就只贏了一開始那七千塊。賭博的態度沒有誰好誰壞，會大贏的人也會大輸，會小贏的人也只會小輸，但如果沒有H，我可能不會是個主動走進賭場的人，永遠體會不到贏錢時的渾身發燙或輸錢時的心灰意冷。

旅行的形成，總是有人在前面提出意見或領著大家向前，才會到達某個地方，而能夠到達那個地方，成為那樣的狀態，也是所有人一起決定而成的。

在野營那幾天，每天有兩餐在野炊，說是克難也是體驗。即使像我這個從來不吃泡麵的人，也因為在美麗的大自然環繞之下，吃泡麵吃得津津有味。即使沒有床鋪，即使無法洗澡，即使吃的東西不如平時豐盛，我知道這就是我想要體驗的簡單樸實，這就是我享受的原始生活。那幾天早晨起床能喝到一杯手沖咖啡，就心滿意足。當然這要歸功於 W 的廚藝，還有在任何簡單的環境和器材下，他都能快速的處理食材的功力！

野營有很多種，有的人花很多錢住在露營車裡睡彈簧床洗熱水澡，有的人住在帳篷裡把所有衣服當棉被蓋。我們這樣的旅行風格，或許是出自於我們都想省錢去更多的地方，或許是我們都想藉由艱困的生活環境來感受這塊土地的真實樣貌。無論每個細節是不是大家心目中的共識，但我相信那幾天，大家對「快樂」，都同樣有新的詮釋。

旅行由旅伴們共同決定，而旅伴也決定了旅行的樣貌，有什麼樣的旅伴就會有什麼樣的旅行，在旅行過後也才能真正認識你的旅伴。一群好的旅伴共同發現旅途上的美好，讓困難變成好玩，甚至把平凡無奇變成驚喜。我很感謝這次一起旅行的朋友們，有大部分的行程是因為他們的熟悉而順利進行，也有很多冒險是他們帶著我進行，他們就是我對澳洲旅行不可抹去的回憶。面臨各種選擇是共同旅行的家常便飯，無論我們是什麼樣的個性或生活習慣，互相平衡就是最重要的相處之道，互相著想就是最好的思路。

後記

來到澳洲短短的兩週，我不敢說我的人生因此會有什麼變化，更不會認為一定要有什麼成長，但這是我經歷過最長的旅行，我真實的生活在那些城市，體驗這個國家最原始的境地，感受了它海水與大地的氣息。我相信某個時刻的體驗，就會讓我的生命產生微幅的變化，而那些變化與發酵，某天將會在我的生活中被看見。

我一直在思考到底生活是什麼？也在尋找一個最適合自己的生活方式，我的確在此行中過著各種生活，這些生活有的是令我舒適的，有的是令我不適的，但那都是最美好的體驗。

「旅活」到底是什麼？
旅行最美好的狀態，就是在旅行中生活
對我來說，旅行中的生活就是
再繁忙也要出發旅行
再睏再累也要張開眼睛觀看
再不會煮菜也要去逛當地超市吃當地人的食物
再晚起床再趕時間也要吃一頓豐盛的早餐喚醒自己

仔細品嚐空氣中瀰漫著的氣味
從一條河上看見城市另一個角度的美好
給街頭藝術家們一首歌的時間，感受這座城市給他們的養分
走進市集裡看看他們生活的痕跡

用最幼稚的心態釋放最大的想像力
用自己的故事定義眼中的風景
用跑步來深入每個異地角落

即使遇到一堆麻煩問題也當成在遊戲
即使前方再黑也要加快腳步往目標前進
即使環境再陌生也要記錄新的床邊故事
即使沒有睡好覺也要早起欣賞各種日出
即使開著擁擠的小車也要感激它帶給自己的親密
將自然環境給你的驚喜視為五星級的禮物
將野營中那些不可思議視為新鮮的生活體驗

隨時觀看自己在起點時那顆初心
為任何理由出發旅行
接受旅行帶給自己的各種可能
向遠在世界各地的朋友用明信片分享旅行故事

旅活柏事

用自己的故事定義眼中的風景

作　　　者	林柏宏	
文　　　字	林柏宏	
攝　　　影	順	

經 紀 公 司	宏壹創意企畫有限公司
贊 助 協 力	B-SIDE　B.S.S.P Co.　plain-me　PALLADIUM　nike

執 行 長	陳君平
榮 譽 發 行 人	黃鎮隆
協　　　理	洪琇菁
總 編 輯	周于殷
美 術 總 監	沙雲佩
內 頁 設 計	張倩綺
公 關 宣 傳	施語宸
國 際 版 權	黃令歡、高子甯

出　　　版	城邦文化事業股份有限公司　尖端出版
發　　　行	台北市民生東路二段141號10樓
	電話：（02）2500-7600　傳真：（02）2500-1975
	讀者服務信箱：spp_books@mail2.spp.com.tw
	英屬蓋曼群島商家庭傳媒股份有限公司
	城邦分公司　尖端出版行銷業務部
	台北市民生東路二段141號10樓
	電話：（02）2500-7600　傳真：（02）2500-1979
	劃撥戶名／英屬蓋曼群島商家庭傳媒（股）公司城邦分公司
	劃撥帳號／50003021　劃撥專線／（03）312-4212
	※劃撥金額未滿500元，請加附掛號郵資50元
法 律 顧 問	王子文律師　元禾法律事務所　台北市羅斯福路三段37號15樓
台 灣 總 經 銷	中彰投以北（含宜花東）／楨彥有限公司
	電話：（02）8919-3369　傳真：（02）8914-5524
	地址：新北市新店區寶興路45巷6弄7號5樓
	物流中心：新北市新店區寶興路45巷6弄12號1樓
	雲嘉以南　威信圖書有限公司
	（嘉義公司）電話：（05）233-3852　傳真：（05）233-3863
	（高雄公司）電話：（07）373-0079　傳真：（07）373-0087
香 港 總 經 銷	城邦（香港）出版集團 Cite（H.K.）Publishing Group Limited
	電話：（852）2508-6231　傳真：（852）2578-9337
	E-mail：hkcite@biznetvigator.com
馬 新 總 經 銷	馬新總經銷　城邦（馬新）出版集團　Cite（M）Sdn Bhd
	電話：（603）9057-8822、9056-3833　傳真：（603）9057-6622
	E-mail：cite@cite.com.my

版　　　次	2023年11月1版4刷
I S B N	978-957-10-6619-6

國家圖書館出版品預行編目(CIP)資料

旅活柏事：用自己的故事定義眼中的風景 ／ 林柏宏作. -- 初版. -- 臺北市：尖端, 2016.07
　面；　公分
ISBN 978-957-10-6619-6(平裝)

1.遊記 2.澳大利亞

771.9　　　　　　　　　　　　　105005908